Heibonsha Library

[増補]アガンベン読解

平凡社ライブラリー

Heibonsha Library

［増補］アガンベン読解

岡田温司

平凡社

本著作は二〇一一年十一月、平凡社から刊行されたものに、
書きおろし「10 生 - の - 形式 forma-di-vita」等を増補したものです。

目次

ジョルジョ・アガンベンの著作からの引用には略記号を用いた。本文中の算用数字は原書頁数、［ ］内の漢数字は邦訳書頁数である。また未訳書には新たに訳題を与え、既訳書についても文脈に応じて適宜邦題・訳文を変更した場合がある。詳細は巻末の参考文献を参照のこと。

はじめに

1

「アガンベン効果（The Agamben Effect）」（Ross 2008）とでも呼ぶべき現象が、世界中で静かに、だが着実に起こっているように思われる。その著書のほとんどが世界の主要言語に翻訳されていること（日本も例外ではない）、さらに近年、ことに英語圏を中心に研究書や論文が次々と発表されていることが、何よりもそれをはっきりと物語っている。とりわけ、一九九〇年代以降の現代思想において、いわゆる「フレンチ・セオリー」の後退とともに、相対的に「イタリアン・セオリー」が台頭しつつあるように思われるが（岡田 二〇〇八、Esposito 2010）、ジョルジョ・アガンベンはまさにその最前線に立つ尖兵といった観がある（いずれにしても六八年以来の哲学の「スター・システム」は終焉したのだが［Perniola 2009］）。

これにはいくつかの理由が考えられるだろう。なかでも、一九九五年に上梓された『ホモ・

サケル』の世界的反響と、つづく九八年の『アウシュヴィッツの残りのもの』が惹き起こした一大センセーションが、今日の「アガンベン効果」の最大の引金になったことは、ほぼ疑いないだろう。しかも、いみじくもこれらの著書で警告されていたこと――近代政治のノモスとしての「収容所」、いたるところで出現している「剝き出しの生」、例外状態の恒常化など――が、とりわけ九・一一以後の世界情勢において、さまざまなかたちで表面化していることもまた、「アガンベン効果」にいっそう拍車をかけているように思われる。グアンタナモ収容所にせよ、テロリズムとの戦いにせよ、アガンベンはまさに現代の予言者だ、というわけである。それだけではない。アートの世界においても、五年ごとにカッセルで開催されるドクメンタでは、「剝き出しの生」が二〇〇七年のメインテーマとして採用された。

2

とはいえ、その一方で、この哲学者が容赦のない批判にさらされていることもまた、偽りのない事実である。出る杭は打たれる、というわけであろうか。

たとえばエルネスト・ラクラウは、「アガンベンの究極のメッセージは政治的ニヒリズムである」とまで言い切る（Laclau 2007）。パオロ・ヴィルノもまた、アガンベンを「政治的使命なき思想家」と断じる（Virno 2002）。要するに、一見したところペシミスティックなその政治哲学や、黙示録的ともみなされる歴史哲学が、批判にとって格好の餌食となるのである。アガンベンの言っていることは、畢竟、出口のない状況にわれわれを追い込んでいくだけだ、云々。

さらに、高名な思想史家ドミニク・ラカプラにも象徴されるように、アガンベンへの攻撃はしばしば、過剰なレトリックや詭弁といった観点から浴びせられる。逆説やアポリアや誇張を好んで使うことで、「挑発的な戦略」を否応なくわれわれの眼前に突きつけてくる、というのである。その結果アガンベンにおいて、政治はきれいに美学化ないしは崇高化されてしまうことになる（LaCapra 2007）。

実は、わたし自身も、これらの批判はまんざら当たっていなくはない、と考えているのである。だが、それは誰よりもアガンベン本人が先刻承知のところなのではないか。専門化の名のもと各領域に線引きされた既存の言説に、あえて揺さぶりをかけて挑発しているのではないか。独特のその身振り――アガンベンが好む言葉で、本書でもそれに一章を当てることになる――は、読者を魅了する一方で、同時にはねつけもする。引き寄せておいて、拒絶するのだ。ひるがえって、われわれ読者の側から言うと、魅せられずにはいないのだが、どこかで何かしらの拒否反応を起こすこともある。つまり、引き合う両極性の緊張のなかに、われわれをじりじりと引きずり込むのである。こうして、一種のアガンベン・アレルギーを読者に体験させること、だが、これもまた計算された彼のスタイルなのである。

それはさながら魔除けのようなものでもある。というのも、魔除けの機能は、追い払うために引き寄せるというパラドクシカルな運動にあるからだ。この点に関して本人は、著書『事物のしるし』のなかで、「祓う」という意味のフランス語 conjurer に言及している（SR: 85［一二九―一三〇］）。すなわちその語には、「呼び寄せる」と「追い払う」という正反対の意味が合体しているのである。アガンベンの読者もまた、否応なくこの緊張のなかに置かれることになる。彼の方法自体が、むしろそれ――弁証法的綜合よりも両極性の緊張――を志向しているのである。

3

それゆえ、この哲学者の思考は二極に分裂し引き裂かれているのではないか、という印象を与えることも少なくはない。いみじくも「二人のアガンベン」について診断したのは、「イタリアン・セオリー」のもうひとりの尖兵、アントニオ・ネグリである（Negri 2007）。ネグリによると、第一のアガンベンは、「実存的で運命論的な恐るべき影のなかを彷徨っている」。「そこにおいて彼は、つねに死の観念と対決するよう迫られている」。

これにたいして、もうひとりのアガンベンは、「文献学と言語学的分析の仕事に専心することによって、存在の力に到達する」。「逆説的にも、二人のアガンベンがいつも同時に存在していて、とりわけわれわれがいちばん望まないときに前者が現われてきて、後者を覆い隠してしまう。死の影が生の要求のうえに悲しげに覆いかぶさり、過剰な要求にたいして身構える」、というのである。

ネグリによるこうした鋭い診断は、しかしながら、否定的ないし消極的な意味においてではなく、肯定的ないし積極的な意味において捉えられなければならない、とわたしは考えている。「二人のアガンベン」は、その仕事のほとんどすべてにわたって、いたるところで出没する。政治を論じていたかと思うと、いつの間にか詩について語りはじめる。逆に、詩や文学を相手にしているはずなのに、政治や法の影をちらつかせる。肯定しているかのようで否定し、否定しているかのようで肯定している。具体的な事例について語りながらも、形而上学的な存在論が介入してくる、等々。

『中味のない人間』や『スタンツェ』のように美学的な論考をものしつつ、『ホモ・サケル』や『例外状態』のように政治哲学に顔を突っ込む。『王国と栄光』のように博識にして浩瀚な大著がある一方で、『散文のイデア』や『到来する共同体』、さらには『裸性』のように軽妙にして機知に富むアフォリズムのような短い著書もある、といった調子である。

あえて正体をくらませているかのように見えるアガンベン。同一化と固定性をことさら忌避するアガンベン。否定性と肯定性の閾――この言葉もまた彼好みのもの――に遊ぶアガンベン。二つ――場合によっては複数――の顔=仮面を巧みに使い分けるアガンベン。

それゆえ、たとえばエファ・ゴイレンの『アガンベン入門』がいかにすぐれた入門書であるとしても、それは、もっぱら政治哲学者としてのアガンベンの顔を浮かび上がらせようとするものであるように思われる（ゴイレン 二〇一〇）。逆に、ウィリアム・ワトキンの『文学的アガンベン』は、あえて文学論あるいは詩学の地平に踏みとどまろうとしている（Watkin 2010）。

だが、両者は切り離すことはできないし、また切り離されてはならない、とわたしは確信している。アガンベンにとって、政治と詩学、あるいは政治と言語の問題はけっして分離されえないもので、たがいに交差し合っているのである。このことを否定的に捉えるなら、アガンベンの政治学はレトリックを弄しているばかりでいかなる実効性も欠くと判断されるだろうし、他方、その詩学はいたずらに政治に侵食されている、ということになるのかもしれない。先述したように、この批判を全面的に否定することは不可能であるし、またその必要もない。重要なのは、政治と言語が絡み合う場、あるいは場なき場であり、メビウスの帯のような両者の絡み合いの様態である。アガンベンの思考の照準は、ほかでもなくその不可能な空間に向けられているのである。

人間をして政治的存在たらしめているのは、まさしく言語にほかならない。このことはまた、アガンベンが幾度も立ち返ることになる思想家たち、古くはアリストテレス、そして近いところではハナ・アーレントやヴァルター・ベンヤミンらがはっきりと気づいていたことであった。

4

こうしたアガンベンの思考スタイルについて、わたしは以前、『中味のない人間』の翻訳に寄せた解説「アガンベンへのもうひとつの扉」で比較的詳しく論じたことがある（岡田 二〇〇二）。もう二十年近く前のことである。さらにそれ以後に刊行されたアガンベンの著書をも踏まえて、無謀な冒険となることはあえて覚悟のうえで、あらためてその全体像へのアプローチを試みたいというのが、小著の動機である。

そのためにわたしはここで、十のキータームを用意した。順に、「潜勢力（potenza）」、「閾（soglia）」、「身振り（gesto）」、「瀆聖（profanazione）」、「無為（inoperosità）」、「共同体（comunità）」、「メシア（messia）」、「声（Voce）」、「註釈（glossa）」、「生-の-形式（forma-di-vita）」がそれであり、これらが同時に小著の各章を構成することになる。これらの用語はいずれも、アガンベン自身が、ごく初期の著作から最近著にいたるまで、好んで繰り返し使ってきたものであり、その意味において、彼の思想を読み解くうえで重要な鍵となるものである。そしてそれらを総称して、わたしは「アガンベン症候群」と呼んでおきたい。というのも、これらは彼のテクストにおいて、それぞれが単独でというよりも、たがいに連動しながら相伴って作用しているからである。

だが、もちろんわたしの狙いは、これらの用語の便利な解説集を作成することにあるわけでも、ましてやアガンベンの思想をいわばマニュアル化することにあるわけでもない。重要なのは、その思考スタイルに寄り添うことで、さまざまな問題点を浮かび上がらせるということである。

アガンベンは「進化」ではなくて「深化」する思想家であるとは、『思考の潜勢力』の翻訳者あとがきに寄せた高桑和巳の弁だが、これはなかなか言い得て妙である（高桑 二〇〇九）。一九七〇年、弱冠二十八歳で世に問うた処女作『中味のない人間』以来、いくつかの問題系が、まるでロンドを舞うかのように繰り返し変奏されているのである。とはいえ、それは単純な反復とはまったくの別物である。それぞれの問題系が、たえず組み換えられ、新たにアクチュアルな文脈のなかに配置転換される。そしてそのたびごとに、それらは掘り下げられ、別の表情を見せていくのである。

こうした思考のスタイルについて、先に触れたアガンベン論のなかでわたしも、彼自身が『残りの時』において比較分析してみせる、ロマンス語詩の脚韻とメシア的時間との特異な構造の類似性になぞらえたことがある。つまりアガンベンは、これら両者のうちに、「予告しつつ反復し集約する」という共通の性格を読み取り、予表的関係（typos）と集約（anakephalaiosis）に基づくメシア的時間の構造が、ロマンス語詩の押韻となって受肉したと解釈しているのだが、その真偽のほどは別にして、この解釈が意味をもつのは、彼自身の思考がまたそうした構造を——意識的にせよ無意識的にせよ——なぞってきたからにほかならないのだ（岡田 二〇〇二：二三一）。

5

「書かれた作品はすべて、まだ書かれていない作品のプロローグ」のようなものであるとは、やはりアガンベンが好んで口にするセリフである。まだ書かれていない不可能な作品こそが「エルゴン＝作品」なのであり、書かれた作品はすべからく「パレルゴン＝添え物」である。さらには、『一方通行路』のベンヤミンのひそみに倣うなら（ベンヤミン 一九九七：五九）、作品は「デスマスク」にすらたとえられる（IS: VII［一］）。つまりは死面である。

この逆説は、しかし、とどのつまり作品は未完成に終わるしかない、あるいは作品の完成はその死にほかならないなどといった、感傷的なニュアンスで受け取られるべきではないだろう。ことによるとアガンベンの念頭に浮かんでいたのは、あらゆることに手をつけるが、完成にはほとんど無頓着なレオナルド・ダ・ヴィンチのような、遊び心にあふれた芸術家のことだったのかもしれない。いずれにしても、アガンベンもまた、ひとつの作品を書きつつ、むしろそれ以前とそれ以後の作品のことを考えているのであろう。二十年越しの浩瀚な「ホモ・サケル」計画も、本人の言によると、二〇一四年の『身体の使用』をもって放棄されたのだ。

そもそも、作品の完成とは何か。どの時点で作品は完成されたと言いうるのか。完成されたあらゆる作品は、それにもかかわらず、そのうちにつねに完成されざる部分を含んでいるのではないだろうか。やはりアガンベンが好んで使う、ルートヴィヒ・A・フォイアバハの用語を借りるなら、ひとつの作品は何らかの「発展可能性（Entwicklungsfähigkeit）」へと開かれているのではないだろうか。不在であるかぎりにおいて、不在であるがゆえに、実現されざる潜勢力を宿しているのではないか。言い換えるなら、「創造の行為は、その中心に、脱‐創造の行為を含んでいる」のだ（S: 194［三一五］）。そこにこそ、アガンベンがたえず一連の問題系へと「帰還（アポカタスタシス）（apokatastasis）」しようとする、最大の理由があるように思われる。

とするならば、その「帰還」の先に、あるいは高桑の言葉をふたたび援用するなら「深化」の先に見えてくるものとは、いったい何であろうか。

一九九三年に『スタンツェ』が再版（初版は一九七七年）されたときに新たにつけ加えられた「エピローグ」には、読者の意表を突くような興味深いイメージが登場する。ライプニッツの『弁神論』のなかの「運命の宮殿」にインスピレーションを得たそのイメージは、「運命の図書館」と名づけられている。「ここでは、実際の書物がピラミッドの頂点を占め、さらに書かれたかもしれない数え切れない書物たちが一段一段と下に並べられて、ついには冥府へと到達する。そしてそこには、けっして書かれえない本が置かれているのである」（S: 193［三一四］）。

かくのごとく、アガンベンがわれわれに想起させようとするのは、天へとうずたかく積み上げられていく啓蒙的な図書館のイメージなのではない。それどころかまったく反対に、冥界のいちばん下にあるタルタロスへと向かう図書館なのだ。だが、本来そこは、神々たちに叛いた大罪者たちが堕とされる場——やはり彼になじみの言い方をするなら「瀆聖」の場——にほかならない。

「このような図書館に入ることは、心地よい体験ではない」とわかっているにもかかわらず、アガンベンはわれわれにあえてその闇を体験させようとする。というのも、闇のうちにこそ思考の潜勢力が宿っているからである。

1　潜勢力　potenza

1

いまやアガンベンの思想の代名詞にすらなっているもの、それが「潜勢力（ポテンツァ）（potenza）」であるといっても、おそらく過言ではないだろう。こういう言い方が許されるなら、それは、古くはデカルトの「コギト（cogito）」やライプニッツの「モナド（monad）」、新しくはエマニュエル・レヴィナスの「顔（visage）」やジャック・デリダの「差延（différance）」などに匹敵するようなものである。すぐれた哲学者の思想はしばしばひとつの鍵概念で象徴される、という意味のことを言っていたのは、たしかアンリ・ベルクソンであったと記憶している。そこで、われわれもごくオーソドックスに、まずは固有名アガンベンを代理表象するとも言えるこのテーマから議論をはじめることにしよう。

「潜勢力」がアリストテレスの用語「デュナミス（dynamis）」に由来することは、すでによく知られている。が、アガンベンはそこからいかなる「発展可能性」を引き出してこようというのであろうか。言い換えるなら、古代ギリシアの哲学者の「デュナミス」と現代イタリアの哲学者の「ポテンツァ」とのあいだには、どのようなつながりがあるのだろうか。そもそもわれわれの哲学者は、いったいいつごろから、アリストテレスにさかのぼるこの用語に注目するようになり、そこに何を託そうとしてきたのだろうか。そして、それにはいかなる動機が働いているのであろうか。

われわれの問いは、要するにごく基本的な疑問代名詞にかかわっている。アガンベンの思想において「潜勢力」とはいかなるもので、いつごろから登場し、いかに機能し、なぜ要請されてくるのか。

2

まずは、ずばり「思考の潜勢力」と題された一九八七年の論考から入るのが妥当だろう。ここでアガンベンはアリストテレスに倣って二つの潜勢力を区別している。ひとつは、たとえば子供は無限の可能性を秘めているといった意味での潜勢力、つまり、「〜できるようになる」ということである。もうひとつは、すでに「〜できる」能力を習得しているのだが、それを現実化しないでおくことができるという意味での潜勢力、つまり、「～しないことができる」ということである。潜勢力は普通、前者の意味、つまり現実化できる潜在的能力――アリストテレスの表現では、現勢力（エネルゲイア）（energeia）へと移行できる潜勢力――として解されることが多いのだが、アガンベンは、逆に後者「～しないことができる」のほうに注目し、それをさらに突き詰めようとするのである。

というのも、なすことばかりではなくて、なさないこともできる、この潜勢力をもつのは人間だけだからである。いわく、「人間とはすぐれて潜勢力の次元、なすこともなさないこともできるという次元に存在している生きものである」、と。一見したところこれは詭弁のように聞こえるかもしれないが、実はとてもわかりやすい道理である。「できない」があるからこそ、「できる」もあるのであって、すべてができるのであれば、できるという意識など存在しないはずである。しかもこの世の中、できるけれどもそれをしないでおくほうがよいことはたくさんある。

それゆえ、「人間にとって、存在することができる、なすことができるということはすべて構成的に、自体的欠如と関係をもっている」。この言い回しは、どこかサルトル的な調子を帯びているようにも聞こえるが、たしかに、「～しない」という決断や選択ができるというのは、人間だけにそなわった能力であるにちがいなかろう。いわば、オフにしておくことのできる能力である。欠如との関係を保つこの第二の潜勢力はまた、「非の潜勢力（adynamia）」とも呼ばれる。「人間は、自体的な非の潜勢力が可能な動物である。人間の潜勢力の偉大さは、その非の潜勢力の深淵によって測られる」（PP: 281-282〔三四四〕）。たしかに、動物には抑止力はきかないだろう。

このように、潜勢力の本質はむしろ「非の潜勢力」にあるということ、それはいかにもアガンベン好みのパラドクスであり、しかも計り知れない「深淵」がそこに横たわっていると言うとき、彼の思考は、いわゆる崇高の美学をかすめているようにも思われる。というのも、不安や畏怖をかきたてずにはおかないような極限へと、みずからと読者を否応なく追い込んでいくからである（この点についてわれわれは、幾度も立ち返って検討することになるだろう）。

3

ところで、こうした「非の潜勢力」という観点から、アガンベンが、ハーマン・メルヴィルの小説の主人公バートルビーを高く評価し、一冊の本をこの筆生に捧げていることは、よく知られている。何かにつけて「しないほうがいいのです」と応えるこの主人公は、まさしく「非の潜勢力」――「絶対的潜勢力」とも呼び換えられる――を体現する存在なのである。

だが、ここでひとつ注意しておかなければならないことがある。すなわち、この「非の潜勢力」なるものは、一見そうみえるのとは異なって、近代的な意味での主体の自由とは何のかかわりもない、ということである。アガンベンは、自由で自律的な主体の自己決定や自己意識について語っているのでも、ましてやそれを持ち上げようとしているのでもない。そうではなくて、欠如の「もちよう（hexis）」について、あるいは「偶然性がすべての被造物の上に残した影の部分」（B:［八四］）について語っているのである。

この点に関連して、一九九〇年の『到来する共同体』にたいへん興味深い記述がある。それは、「～よりむしろ」という意味のイタリア語「ピウットスト（piuttosto）」をめぐるものである。アガンベンによると、「～よりむしろ」とは、存在と無、あることとないことのあいだの第三項として思考されうる、というのである。

問題は、たんに「あるかないか」ではなくて、むしろ「なくはないこともある」ということである。それは、「ありえなくはない」もしくは「ないことはない」という偶然性にして可能性にほかならない。白黒のつきにくいグレイ・ゾーンと言い換えてもいいだろう。この語は、ラテン語の「ポティウス（potius）」を語源とするが、この「ポティウス」はさらに、「能力がある」という意味の「ポティス（potis）」に由来するのである。「驚くべきは、何かがあったということではなくて、なくはないことがあった、ということである」（CCC: 76）。われわれも日常的によく口にする、そして筆生バートルビーを特徴づける「〜よりむしろ」とは、実は「非の潜勢力」の別の名なのである。

同じく『到来する共同体』にはまた、メルヴィルの筆生と並んで、ピアニストのグレン・グールドが「非の潜勢力」のすぐれた体現者として登場する。「演奏するという潜勢力と演奏しないという潜勢力は、必然的にすべてのピアニストに属しているとしても、演奏しなくはないということができるのは、ひとりグレン・グールドだけである。その潜勢力をただ現勢力に向けるばかりではなく、その非 - 潜勢力（無能）に向けることによって、彼は、いわば演奏しないという潜勢力をもって演奏しているのである」（CHV: 26）。

この一節は、どこか禅問答のように聞こえなくもない。が、わたしがここから連想するのは、ルネサンスの時代に宮廷人たちの理想とされた「さりげなさ（sprezzatura）」という振舞いのコードである。「さりげなさ」とは、何事につけ困難なことをまるで易々とこなしているかのように見せること、つまりできるということを見せつけることなく、まるでできないかのようにしてやってのけるという、身振りのコードである。アガンベンが『スタンツェ』において分析してみせた、近代における「ダンディ」は、そのすぐれた継承者にほかならない。その意味ではまた、九鬼周造の「いき」とも相通じるところがあるかもしれない。功利主義的なあらゆる発想を超えて、その身振りは、とかく見過ごされがちな「ニュアンス」や「偶然」に隘路を切り拓く可能性を宿しているのである。

4

ところで、もしそうだとすると、「非の潜勢力」という圏域は、計り知れない「深淵」の闇であるどころか、反対に、人間がそこで戯れくつろぐこともできるような場なのではないか、そういう疑問が当然ながら湧き起こってくるであろう。

しかり。アガンベンが思考の照準を合わせるのは、闇でもあると同時に、「もちよう」や「使いよう」によってはかすかな光明にもなりうるという、パラドクシカルな両義性を帯びた場なのである。アガンベン自身の表現を借りるなら、「アポリア〔困難な道〕は脱臼し、〔プラトンの示唆によれば〕エウポリア〔楽な道〕へと変容する」のだ（PP: 362〔四四二〕）。この両義性なるものに、あるいはメビウスの帯のような裏返りに、われわれはまた、さまざまな議論の場面で何度も立ち会うことになるだろう。

目下のところはとりわけ、一九八五年に上梓されたエッセー風のアフォリズム『散文のイデア』のなかの「力のイデア」と題された章に注目しておきたい。というのもそこにおいて、「能力（potere）と潜勢力との隠れた関係」が、アリストテレスの『ニコマコス倫理学』における快楽をめぐる議論――「快楽の形相はいかなる時点においても完全である」――を踏まえつつ、およそ以下のように展開されているからである。

古代ギリシアの哲学者が言うように、快楽の形式はあらゆる瞬間に完結しており、つねに現勢態にある。ここから帰結するのは、潜勢力は逆に快楽の対極に位置するということである。すなわち潜勢力とは、けっして現勢態にはないもの、つねにその目的＝結末を欠くものであり、つまりは苦痛である。現勢態へと移ることで潜勢力の苦痛は、束の間、軽減されるかもしれない。

しかしながら、潜勢力をそのままに押しとどめておこうとする能力が、われわれの内には存在する。潜勢力は本質的に持続する。能力とは、潜勢力をその現勢力から分離しておく力のことであり、潜勢力を組織できる力のことである。苦痛を受け入れることで、能力はこうしてその正当性を打ち立てる。能力は文字どおり、人間の快楽を未完のままにしておくのである。要するに、快楽も苦痛も、潜勢力の「もちよう」にかかっているのだ（IP: 45-46）。

一方、「パルデス――潜勢力のエクリチュール」（一九九〇年）と題されたデリダ論では、非の潜勢力は、「闇のなかの何も見ていない目」にたとえられる。ここにおいて知覚は、「何ものかの受苦＝情念（パッシオーネ）」というよりも、知覚そのものの「無形式を知覚すること」であり、「潜勢力の自己触発」であるとされる。つまりは、「何ものかを被る（パティーレ）ことと何ものも被らないこととのあいだには、自体的な受動性（パッシヴィタ）の受苦＝情念（パッシオーネ）がある」のだ（PP: 361-362［四四〇］）。

それゆえ、アガンベンにおいて潜勢力はまた、「受苦（パッシオ）（passio）」の別名でもある。アヴェロエスの「可能知性」を論じた弟子（エマヌエーレ・コッチャ）の著作に寄せた最近の序文では、この点がますます強調されている。「思考は全面的に潜勢力の様態において存在する。潜勢力として存在するとは、たんに現勢的な形式を欠いている、形式を剝奪されているということを意味するのではない。そうではなくてむしろ、諸形式を受け入れることができるということを意味するのであり、純然たる受動性、あるいは語源学的な意味における受苦にほかならないのである」（TI: X）。潜勢力とは、**受け入れる**力のことでもあるのだ。

5

さて、ここでもういちど本章の出発点である「思考の潜勢力」に返ろう。この論考は次のように結ばれている。潜勢力の様態を新たに思考しなおすことで、われわれに求められているのは、

潜勢力と現勢力のあいだ、可能的なものと現実的なもののあいだの関係をはじめから考

えなおすということだけではない。この形象はまた、美学においては創造行為や作品のあり方を、政治学においては構成された権力において構成する権力が保存されるという問題を、新たな仕方で考察することをわたしたちに強いてくる。（PP: 286［三五〇］）

この短い一節は、それにもかかわらず、「二人のアガンベン」を消極的にではなく積極的に、否定的にではなく肯定的に捉えようとするわれわれにとって、きわめて重要な示唆を与えてくれるものである。つまり、アガンベンにとって「潜勢力」は、美学と政治学における根本問題なのであり、両者を結びつけるキータームでもあるのだ。

美学における「潜勢力」がいかなるものかについては、先のグールドの例などを思い浮かべればいいだろう。また、初期の二つの美学的著書『中味のない人間』と『スタンツェ』では、「非の潜勢力」をめぐる思考はまだそれほど深化されていないとはいえ、その芽生えが随所にちりばめられている。たとえば前者では、「開かれた作品」や「ワーク・イン・プログレス」――ジェイムズ・ジョイスの遺作『フィネガンズ・ウェイク』に由来する概念――の詩学が潜勢力と現勢力の観点から検証され（USC: 99-100［九七―九八］）、後者では、「欲望がその対象を否定すると同時に肯定もする」中世のロマンス語詩が徹底的に分析される、といった具合である。

しかも、古いものと新しいものとのあいだで宙吊りにされた近代の芸術家を指してアガンベンが名づけた「中味のない人間（l'uomo senza contenuto）」とは、後の政治的著作のなかで練り上げられることになる「剝き出しの生（la vita nuda）」を、ある意味では先取りする形象だったと言えよう。

6

とはいえ、われわれがここで特に問題にしたいのは、美学よりもむしろ政治学における潜勢力というテーマである（もちろん二つは密接に絡み合っているのだが）。それは、アガンベンにおいてどこでどのように思考されているのだろうか。先の引用の後半部、すなわち「構成された権力において構成する権力が保存されるという問題」とは、いったいどういうことで、それは潜勢力とどのような関係にあるというのだろうか。

そこで登場するのが、この哲学者の名を一躍世界にとどろかせることになった著書『ホモ・サケル』であり、なかでもとりわけ注目すべきは、その第一部「主権の論理」の第三章「潜勢力と法権利」三節（HS: 51-56［六八―七四］）である。

法の外に締め出されることで逆に法の内に包摂される――包摂的排除の――存在である、古代ローマの「ホモ・サケル（homo sacer）」という特異な形象ばかりがもっぱらクローズアップされる傾向にあるため、ともすると看過されがちだが、実はこの著書において、質的にもっとも濃厚にして問題含みの部分は、量的にはごく短い一部をなすにすぎないこの箇所なのである。このことは、これまでにもすでに何人かの研究者によって指摘されている（Gulli 2007: 221-225; De La Durantaye 2000）。

とするなら、それはいかなる意味においてか。結論を先取りして言うなら、アガンベンはここで、政治のカテゴリーと存在論のカテゴリーとを突き合わせることで、政治哲学を存在論の次元へと接続させようと試みているのである。本人の言葉では、「政治哲学から第一哲学へと移る」（HS: 51［六八］）、ということである。そしてそれは、それまであえて誰も踏み込もうとはしなかった領域であった。けっして生易しいとは言えないその議論を、できるだけかいつまんでたどっておくことにしよう。

主権国家の基盤となる構成する権力と、それを維持する構成される権力との関係という問題は、政治哲学の主要テーマのひとつとして、これまでにもさまざまに論じられ、ホッブス、ロック、ルソーからカール・シュミット、ベンヤミンへと受け継がれてきたという長い歴史がある。「暴力批判論」においてベンヤミンが、両者をそれぞれ、法を措定する暴力と法を維持する暴力として読み換えたことも、よく知られている（もちろんアガンベンもこれを踏まえている）。

近いところでは、ネグリがずばり一九九二年の『構成権力』において、その問題を扱っていた。ネグリはその著書で、構成する権力（構成権力）の「自由な革新性と諸実践」を強調し、それを主権権力から分離しようとするのだが、アガンベンの直接の批判は、そのネグリにたいして向けられている。というのもアガンベンによれば、構成する権力と主権権力とは、実際には区別困難で、「ひとつに溶け合うほど近しいもの」だからである。

しかも「主権はつねに二重である」。なぜなら、主権のパラドクスをめぐるシュミットの名高いテーゼ――例外状態――によれば、「主権者は、法的秩序の外と内に同時にある」からである。このことは、構成する権力と構成される権力との関係を理解するうえで重要な鍵となる。このパラドクスは、一般的に、構成する権力を構成される権力の外部にかつ高位に配置することによって回避できるとされる。ところがアガンベンによれば、話はそれほど単純ではない。「構成する権力と構成される権力との関連は、アリストテレスが潜勢力と現勢力のあいだに設けている関連と同じほど複雑である。つまるところこの関連は〔……〕潜勢力の存在と自律とがどのように思考されるかにかかっている」のだ（HS: 51-52〔六八―六九〕）。

そこでアガンベンは、ここでもまずギリシアの哲学者に則して、潜勢力が自律的に存在すること、すなわち「しないことのできる潜勢力」にして「非の潜勢力（アデュナミア）」であることを確認して強調する。「存在する潜勢力とはまさしく、現勢力に移行しないことができるというこの潜勢力である」。潜勢力の真正なる本性をこのように捉えることで、「アリストテレスは西洋哲学に主権のパラダイムを手渡した」のだ（HS: 54［七一］）。要するにアガンベンは、潜勢力：現勢力＝構成する権力：構成される権力、という比例式を考えているのである。とはいえ、まだ十分に明快になったとは言えないだろう。

もういちど例外状態のことを考えてみよう。主権は例外状態を布告することで、みずからを法的秩序の外に置き、この法を宙吊りにする（つまり純粋な潜勢力にとどまる）のだが、むしろそうすることによって、絶対的なかたちで自己を実現する（つまり現勢力となる）。たとえばアウシュヴィッツで起こったことはまさしくその典型である。このように、「限界においては、純粋な潜勢力と純粋な現勢力は見分けられないのであり、まさにこの不分明地帯こそが主権者なのである」（HS: 54［七二］）。潜勢力から現勢力への移行と同じく、構成する権力から構成される権力への移行もまた、けっして自明のものではないのだ。その結果、「主権権力は構成する権力と構成される権力へと分裂し、その二つが不分明となる点にみずからを位置づける」（HS: 48［六三］）。

このようにアガンベンにとって、主権の問題は畢竟、系譜学的にも存在論的にも、潜勢力をいかに思考するかにかかっているのである。というのも、ここまで見てきたように、主権的締め出しの構造に潜勢力の構造が対応しているからである。あるいは、「潜勢力と現勢力とは、存在が主権的に自己を基礎づける過程の二つの局面にほかならない」（HS: 54［七二］）、と言ってもいいだろう。

7

ところで、例外状態というシュミット的な観点から捉えるなら、主権者とホモ・サケル——殺害しても処罰されないが、犠牲の対象ともなりえない生——とは、ちょうど同じコインの表と裏のようなかたちで密接に結びついていることになる。なぜなら、いずれも包摂的排除というかたちで法との関係性を保っているからである。主権者は、例外としてみずからを位置づけることもできれば、「締め出し（bando）」というかたちで、ある人々の生を排除しつつ包摂し、包摂しつつ排除することもできる。本人も明言しているように、アガンベンはジャン＝リュック・ナンシーからこの「締め出し」や「遺棄（abandon）」という語を借用しているのだが（HS: 67-68［八八—八九］）、ナンシーと異なるのは、この状況を極限にまでとことん突き詰めて思考しようとする点である。

それではなぜ、アガンベンはことさらこの不分明地帯に鋭い眼差しを向けようとするのだろうか。その答えはある意味ではっきりしている。外交や医療などさまざまな現場で、主権の生政治装置はなおも「剝き出しの生」――現代の「ホモ・サケル」――を生産しつづけている、という強い危機意識があるからである。ミシェル・フーコーが生政治の起源を、国家ないし主権権力が人民の生を政治の最重要事項とみなすようになる十八世紀に据えたこと、そしてアガンベンがそれをさらに古代にまでさかのぼらせたことは、すでによく知られている。それゆえにまた、古代ローマのホモ・サケルからベンヤミン的な「剝き出しの生」へ、そしてそこからさらにシュミット流の主権へとアクロバティックに跳梁するその議論のスタイルは、少なからず批判の対象ともなってきた。が、アガンベンの真の意図は、そうした系譜学の深化にのみならず、アリストテレス以来の存在論への接続にあった、と考えるべきであろう。存在論との対決については、第10章でも検討することになる。

だが、ここで大きな疑問が少なくとも二つ、同時に湧き起こってくるのではないだろうか。すなわち、生政治が主権による例外化と同じくらい古いばかりか、主権と潜勢力との構造的な関係上、「剝き出しの生」を生み出すことがほとんど避けられないとするなら、われわれは相も変わらず袋小路に閉じ込められたままで、そのアポリアから抜け出す道は、まったくと言っていいほど残されていないのではないか、という疑問がまずひとつ。つまり、主権的締め出しという限界関係の彼方で（もしくは手前で）、存在論や政治を思考する可能性は、まだわれわれに残されているのか、ということである。

そしてもうひとつの疑問は、「剝き出しの生」という否定的な形象と、たとえばバートルビーという肯定的な形象とは、同じ「締め出し」によってもたらされた結果にほかならないのではないか、という疑問である。

潜勢力をその極限にまで突き詰めようとするアガンベンの思考がはらむ、こうしたアポリアと両義性は、ある意味で、その批判者たちに格好の材料を提供してきたものでもある。つまるところ肯定しようとするのか否定しようとするのか、読んでいてよくわからなくなることがあるのだ。その思考がわれわれをしばしば苛立たせ、不安にさせ、拒否反応を起こさせる理由もまさしくここにある。「はじめに」でも述べたように、このアガンベン・アレルギーを完全に払拭することはかなり困難なのだが、ほかでもなく彼自身が、読者にその種のアレルギーをあえて体験させようとしているのではないか、わたしはそう考えているのである。

8

主権権力に抵抗できるものがあるとするなら、それは、とりもなおさずその締め出しによって作り出された存在の形象――「ホモ・サケル」ないし「剝き出しの生」、あるいは「回教徒(musulmano)」――を措いてほかにはないだろう。主権権力によって潜勢力と現勢力とのあいだに作り出された不分明地帯に抵抗できるのは、ほかでもなくそこに身を置く「バートルビー」のような存在なのである。というのも彼は、「非の潜勢力」の使い方——「もちよう（ヘクシス）」——を心得ている存在だからである。そしてそれは、主権権力にとっては許容しがたいものである。この点に関連して近著『創造とアナーキー』では、抵抗（レジステンツァ）とはとりもなおさず、たんに外的な力にかかわるというよりも、潜勢力が現勢力へ移行することへの抵抗である、とまで言い切る（CA: 33-35）。

実のところ、まさしくこのようなあり方こそ、アガンベン本人が選びとろうとする身振りにほかならないのだ。それはまた、不分明地帯——「閾」——に思考の照準を合わせるということでもある。すなわち、「新たな政治の向かう道や様態は、こうした不確かで名のない土地、この厄介な不分明地帯から出発して思考されなければならない」（HS: 209［二五三］）。

そこが危うい場でもあるのは、潜勢力の次元において、たしかにしばしば「肯定と否定が排除し合わない」ということが起こるからである（PP: 248［三四七］）。あるいは、むしろこう言ったほうがより明快かもしれない。主権的締め出し——包摂的排除——によって生み出される例外は、ひるがえって範例（パラダイム）にもなりうるものなのだ、と。かくして、一般的には規範を打ち立てるために排除されるような例外が、アガンベンの思考においては、逆に範例（パラダイム）として機能することにもなるのである。

『ホモ・サケル』の最後で、著者は読者に一条の光を垣間見させてくれる。「例外状態が規則となったところでは、かつて主権権力の相対物だったホモ・サケルの生が、もはや権力の捉えることのできないひとつの実存へと転倒する」（HS: 170［二一一］）。要するに、不分明地帯においてこそ、闇から光への、否定から肯定への、例外から範例への、アポリアからエウポリアへの転倒が思考され実践されうるものとなる。

この転倒は最終的に、「剝き出しの生」から、「みずからの剝き出しの実存でしかない存在」への、あるいは「みずからの形式であり形式から分離できないままの生」（HS: 211［二五五］）への転倒である、とも言い換えられる。つまり、もはや規範化することも、分離・分割することもできない「生‐の‐形式（forma-di-vita）」である。この「生‐の‐形式」はまた、アガンベンが「だれかれ（quodlibet）」の生と呼ぶものとも密接に関連しているのだが、これについては第6章と第10章に譲ることにして、目下のところは、ここで新たに浮上してきた「閾」をめぐる問題に話を進めることにしよう。

2　閾　soglia

1

「閾」、イタリア語で「ソリア（soglia）」もまた、アガンベンが好んで使う単語である。もっとわかりやすく言うと、敷居や境界のことである。同じような意味をもつイタリア語にはさらに、「コンフィーネ（confine）」という語もあるが、われわれの哲学者は、こちらではなくてあえて「ソリア」を多用する。というのも、語源的に「目的＝結末(フィーネ)」を「分かちもつ(コン)」という意味の「コンフィーネ」では、おそらく自分の意図が正しく伝わらないと考えるために、あえて「閾」という限界領域ないし限界経験をさす語を選んでいるからであろう。

「閾」は、カント的な限界概念としての「空虚な空間（leerer Raum）」（IS: 7［X］）であるが、同時に、そこにおいて「学問のあらゆる垣根がくずれ、あらゆる堤防が決壊する非 - 場所」（QRA: 43［六一］）でもある。つまり、知ることや語ることの限界として、近づくと自滅しかねないほど危険ではあるが、それゆえにこそ、またこのうえなく豊饒で魅力的な空間でもあるのだ。そこを越えることは容易ではない。「閾は「橋」でもなければ「対話」でもない」のだから（QRA: 33［四四］）。これこそまさしく、アガンベンが「閾」に賭けるゆえんである。

この「閾」は、その著書のさまざまな場面で謎めいた顔をのぞかせる。潜勢力と現勢力のあいだの「閾」は、そのもっとも本質的かつ根源的なもので、それについては前章で見てきたとおりである。そのほかにも、共時態と通時態、ラングとパロール、フォネー（音声）とロゴス（言葉）、シニフィアンとシニフィエ、韻文と散文、ゾーエーとビオス、人間と動物のあいだ、などといった具合である。一般にこうした二項対立が図式で示されるとき、しばしばスラッシュ「／」があいだに挟まれることがあるが、「閾」とはまさにこの「／」のことだと言い換えてもいいだろう。アガンベンの思考はほかでもなく「／」に向けられているのだ。

一見するとこれはなんとも奇妙な話である。なぜなら、より具体的で実質的な内容をともなう（と思われる）二つの項それ自体にではなくて、あるのかないのかわからないような、結びつけてもいれば切り離してもいるような、文字どおり不分明な領域に注目しよう、というのだから。それは、「もはや〜ではない」と「いまだ〜ではない」という、二重の否定に挟まれた場もしくは非‐場である、と言い換えてもいい。この「／」において、いったい何が起こっているのだろうか。それこそ、われわれの哲学者が、政治や法、文学や芸術など、およそあらゆる分野で問いつづけているメインテーマなのである。

この「／」はまた、その著作においてさまざまな言葉で置き換えられている。グレイ・ゾーン（『アウシュヴィッツの残りのもの』）、ミッシング・リンク（『開かれ』）、中間休止（チェズーラ）（『イタリア的カテゴリー』）などといった具合である。しかもそれは、必ずしも周縁に位置しているというわけではない。境界というとわれわれはとかく周縁部を連想しがちだが、アガンベンにとってむしろそれは中心に陣取っているものである。「中心にある空虚（vuoto in centro）」という言い回しがしばしば用いられるのも、それゆえ偶然ではない。

2

かくしてアガンベンの思考は、必然的にある種のトポロジー的な様相を帯びることになる。そしてこの思考スタイルもまた、『中味のない人間』からずっと受け継がれてきているように、わたしには思われる。というのも、この処女作の意図は、シャルル・ボードレールやベンヤミンを導きの糸とすることで、近代の芸術家像、つまり「古いものと新しいもの、過去と未来のあいだの空隙に宙吊りにされた人間」（USC: 163［一六〇］）に焦点を合わせることにあるからである。

たとえば、近代に典型的な、伝統の破壊をもくろむ芸術家――「テロリスト」としての芸術家――のことを想像してみよう。彼は、出来合いの形式を破壊しようともくろむのだが、そうしようとすればするほど、逆に形式へとのめり込んでいき、いわく言いがたいものを表現するべく、そこに何らかの形式を課さざるをえなくなってくる。要するに、「レトリックからの逃走はテロリストをテロルへと駆り立てたのだが、テロルはテロリストをその逆、つまりふたたびレトリックへと連れ戻す」(USC: 21 [一八]) のである。かくして、形式嫌いは形式への愛へと、言葉嫌いは言葉への愛へと転倒し、ゆがんだ円環のなかでたがいを追いかけあう。ステファヌ・マラルメやアントナン・アルトーがそうであったように。それはまるでメビウスの帯を見るかのようである。

この指摘は、たとえば絵画にとって不純な要素とみなされたものを次々と削ぎ落としていくことによって「零度」――あるいは「無」――の形式へと純化を遂げてきたモダニズム芸術の逆説的な原理を見事に言い当てている。

一九八〇年代に入ると、フォルマリストのマイケル・フリードと、マルクス主義者のティモシー・J・クラークとのあいだで、芸術の近代における形式の純化というゲームの意味とはいったい何だったのかをめぐって論争――言うまでもなく、前者は肯定的で、後者は否定的――が繰り広げられたが (Fried 1982; Clark 1982)、アガンベンの議論は、すでに一九七〇年の時点で、その論争を先取りしているばかりか、論争の根底に横たわっている根源的な原理のほうにわれわれの目を向けさせてくれるのである。

もちろん『スタンツェ』もまた例外ではない。ここではのっけから、次のように宣告される。いわく、批評の「探求」は、固有の対象を見いだすことにあるというよりも、むしろ「その接近不可能性の諸条件を確認しようとする点に存する」のだ、と（S: XIII〔一二〕）。それはまさに、カント的な批判の理念――可能性の諸条件を確認すること――を、アイロニカルに転倒してみせるかのようである。ここで「接近不可能性の諸条件」と呼ばれているものこそ、実は、「／」の作用のことにほかならないのだ。

そして、この本の最後「壁と襞」と題された節で、アガンベンは、フェルディナン・ド・ソシュールを批判的に踏まえて、「／」にはじめて明確に言及することになる。人間の言語において「意味作用の原初的な核心」なるものが探求されるとするなら、それは、シニフィアン（意味するもの）でもシニフィエ（意味されるもの）でもなく、これら両者のあいだに横たわっている壁「／」のなかにこそある、と。それゆえ、「S/s」というソシュールのアルゴリズムは、あいだの「／」だけに縮小されなければならない。「この壁のなかにわれわれは、たんに差異の痕跡のみならず、結合と連接のトポロジー的な戯れを見る必要がある」（S: 188〔三〇九〕）。人間の想像力がもつ潜勢力に踏み込んだ研究『スタンツェ』は、この「トポロジー的な戯れ」

を、メランコリーやフェティシズム、中世の恋愛詩やアレゴリーに探ろうとする試みだったのである。

さらに、つづく『幼児期と歴史』、『言語活動と死』、『アウシュヴィッツの残りのもの』、『開かれ』と、「閾」の思考はいっそうの深化を遂げていくことになる。たとえば、前の二つの著書では、フォネーとロゴス、ラングとパロールのあいだの閾が、後の二つの著書では、人と人にあらざるもの、あるいは人間と動物のあいだの閾が扱われている。このように、「閾」への眼差しは、初期の美学的考察から、言語の問題——まさに言語活動が生起してくるというその事実——を経由して、政治——生政治——にシフトしていくアガンベンの思考の履歴を象徴するものとなっているのである。

3

フォネーとロゴスをめぐる問題は、「声」の章で取り上げることにして、ここでは、あきらかにハイデガー的な響きをもつタイトルの著書、『開かれ』における「人間／動物」の「／」に注目しておくことにしよう。

動物と人間とを区別してきたさまざまな概念装置を、アガンベンは、エジプト学から出発しドイツ文学研究者としてすぐれた業績を残して三十九歳の若さで夭折したイタリア人学者フリオ・イエージ（一九四一―八〇年）に倣って、「人類学機械（macchina antropologica）」と呼ぼうと提案する。この機械は、人間／動物、人間／非人間という対立によって人間を規定しようとする点で、必然的に、排除と包摂を通じて作動している。だが、前の章でわれわれも見てきたように、排除はすでにしてつねに包摂を前提し、包摂はすでにしてつねに排除を前提としている。それゆえ、「人類学機械が、一種の例外状態、つまり外部が内部の排除でしかなく内部が外部の包摂でしかないような未決定の領域」（A: 42［五九］）を産み出すのは、ある意味で必然である。近代の機械（生物学的言説）が、内部を排除することによって外部を生産してきたとすれば（人間から動物的生、植物的生を析出すること）、古代のそれは、外部の包摂によって内部を獲得してきた（神話におけるさまざまなキマイラ的形象など）。

これら二つの機械の働きはシンメトリーをなしているが、あらゆる例外空間がそうであるように、この領域は完全に空虚で、人間と動物のあいだの亀裂と分節は、つねにずらされ配置転換されている。「自分自身から分断され排除された剝き出しの生」がその不気味な顔をのぞかせてくるのも、そこにおいてである。このような「例外状態（stato di eccezione）」をめぐる問題は、周知のように、とりわけ『ホモ・サケル』以来、アガンベンがシュミットから発展させてきたものである。

さて、生物学的な言説につづいて検討されなければならないのは、哲学のそれ、とりわけ終焉の哲学にして哲学の終焉としての、ハイデガーの言説である。先述のように、本書のタイトル「開かれ」という語それ自体が、この哲学者への参照を匂わせるもので、当該の数章（第一二—一六章）は、中身の濃縮された本書のなかでも、もっとも緊張感に満ちたものになっている。その議論はもちろん安易な要約を受け入れるものではないが、われわれの文脈においてその要点を手短にたどりなおしておくのは、けっして無益ではないだろう。

アガンベンはここでいったい何をもくろんでいるのか。あえて単純化して言えば、それは、人間の開かれた世界と動物の閉ざされた環境という対比が、一見そうみえるほど明瞭なものでも、自明のものでもないことを、ハイデガーの解読を通じて証明してみせる、ということである。ある意味では、アガンベンの問題意識は、ペーター・スローターダイクのそれとも重なり合うと言えるかもしれないが、両者の論法はおのずと異なる（スローターダイク 二〇〇〇）。スローターダイクが、ハイデガー（そしてニーチェ）を踏まえつつ、「人間性」の解体を模索するとすれば、アガンベンはあくまでも、開かれと閉ざされとのあいだに横たわる「閾」を問題とするのである。

通常の理解では、ハイデガーは、世界にたいして開かれた人間と、環境世界に縛られている動物とを対照的に捉えた哲学者であるとされているが、アガンベンは、この解釈をむしろ転倒させる。いかにして。ここで呼び出されてくるのが、動物の「放心（Benommenheit）」と、人間の根本的気分としての「倦怠（Langeweile）」に関するハイデガーの議論である。

ユクスキュルにきっかけを得てハイデガーは、抑止解除するものに本能的に捕らわれている動物の放心を、環境と自分自身とのあいだの一種の「宙吊り」状態として規定する。一方、人間の倦怠を規定するのは、「空虚のままに残されてあること」と、「宙吊りのままに保持されてあること」の二つの特徴であるとされる。とするなら、動物の放心と人間の倦怠とは、期せずして不思議な近接関係を示すことになる、とアガンベンは解釈する。「人間の倦怠も動物の放心もともに、もっとも本質的な身振りにおいては、閉ざされに開かれている」のであり、それゆえ、アガンベンにとって、深き倦怠とは、「動物環境から人間世界への移行が実現される形而上学的操作のように思える」のである。しかも後述するように、それはまた、無為のテーマへと開かれたものでもある。

ここからアガンベンはさらに解読を進め、「真理」をめぐるハイデガーの根源的な思索のほうへと問題を接続させる。いわく、「真理（アレーテイア）（alētheia）」の中心にある「忘却（レーテー）（lēthē）」とは、「動物の開かれざる非暴露性のこと」であり、「人間界を規定する露顕と隠蔽のあいだ、非隠匿性と隠匿性のあいだの解決しがたい闘争は、人間と動物のあいだに内在する闘争なのである」と（第一四章）。

さらにこの闘争は、つづく第一五章において、芸術作品における世界（非隠匿性、開かれ）と大地（隠匿性、閉ざされ）の弁証法的葛藤に、ポリスにおける隠匿性と非隠匿性の対立に結びつけられることで、根本的に政治的な性格を帯びることになる。そのうえでアガンベンの下す結論はこうだ。ハイデガーは、人間と動物、開かれと閉ざされとのあいだのアポリアを、人類学機械によって解決できると信じた最後の哲学者であった、と（第一六章）。

だが、そのかすかな期待とは裏腹に、政治がますます人民の「剝き出しの生」——人類学機械が産み落とす「残余（resto）」——を露呈させる方向へむかっていったことは、歴史が証明していることである。それればかりか今日、みずからの抑止を解除してしまった人間は、「あらゆる分野で、開かれざるものを開き、確保しようと」躍起になっている。

4

多くの読者は、この時点で疑問を抱くかもしれない。「閾」に横たわる深淵を、闇を、空隙を、グレイ・ゾーンをこうして暴いてみせたところで、いったいどうなるというのだ、と。それだけでは、現実的で建設的な提言を欠き、社会科学的な視点にも無頓着な、たんなる机上の空論を弄んでいるにすぎないではないか、云々。事実、とりわけ『アウシュヴィッツの残りのもの』の世界的な成功以後、近年フランスやアメリカで起こっているアガンベン批判の多くは、彼のこうした修辞的な――しばしば「崇高」の美学とも接点をもつ――身振りに向けられていると言っても過言ではない（Kaharan et Mesnard 2001）。

もちろん、その批判にも一理はあるだろう。しかし、『開かれ』でも主張されているように、人間の権利とか価値とかといった、西洋の欺瞞を抱え込んだままの「ユマニスム」的な人道主義のイデオロギーを改めてひけらかすことが今日、真の問題でないことは、もはや誰の目にも明らかであろう。その「ユマニスム」でさえ、ルネサンス的な起源にさかのぼるなら、実は、われわれがこの語から一般的に連想するものからは、かなりかけ離れていたのだ。

第八章でアガンベンが明らかにしているように、「人文主義のマニフェスト」とされ、通常『人間の尊厳について』と呼び習わされている、ピコ・デッラ・ミランドラの名高い著作は、もともとは、「尊厳（ディグニタース）（dignitas）」という語をそのタイトルに含んでいなかったばかりか、当のその語にしても、「尊厳」ではなくて「序列」――つまり閾や境界にも近しいもの――というほどの意味だった。また、ピコがこの本で、人間をカメレオンになぞらえたとすれば、そのアイロニカルな比喩は、まさに人間が何にでもなりうるという可能性（潜勢力）と、何ものでもありえないという不可能性（非の潜勢力）とが切り離せないものであることを、象徴していたのである。このような解釈が、けっしてアガンベンの我田引水でないことは、近年のピコ研究によってもまた証明されていることを、わたしはここであえて付け加えておきたい(Bori 2000)。

さて、ここでもういちど「閾」をめぐるアガンベンの戦略に話を戻そう。イエージに倣ってアガンベンが「人類学機械」と呼ぶ、生物学や解剖学や医学の言説をどんなに精密に働かせるとしても、人間と動物、生と死のあいだに横たわるグレイ・ゾーンを埋めることはけっしてできない。つまり、いかに繊細な分割線を引いたとしても、分割の分割によって生まれる「残余」は、どこまでいってもけっして解消されることはない、ということである。このからくりを、アガンベンはいみじくも『残りの時』において、プリニウスが『博物誌』のなかで伝える古代の画家アペレスの、ますます繊細になっていく三本の輪郭線になぞらえている(TCR: 52-55[八二―八八])。ベンヤミン譲りのイメージの思想家でもあるアガンベンの面目躍如といったところである。

今後いかに精巧な人類学機械が考案されるとしても、それもやはり、「もはや生きてはいない」と「いまだ死んではいない」とのあいだに横たわる、言い知れぬ闇が顔をのぞかせてくるだけであろう。このアポリアに絡めとられた現実を前に、アガンベンは、ややペシミスティックに次のように述べる。「ゲノム、グローバル経済、人道主義という名のイデオロギーは、歴史以後の人類が、自分たち自身の生理学を最後の非政治的な委託として受け入れていくプロセスの、三つのたがいに連動する局面なのである」、と（A: 80［一一八］）。

このようにアガンベンは、カテゴリー的な思考がある意味で必然的に産み落としていく「残余」や「閾」の暗い闇へと、その不可能な空間へと、たぐい稀なる修辞を駆使しながら、われわれ読者を否応なく引きずり込んでいく。この空間を支配するのは、あらゆるものを貪り食う時の神サトゥルヌスであり、謎めいた夜の女神ニュクスである。

5

けれども、この破壊と不可視の空間――内にして外、内にあらずして外にあらずという「場なき場（topos-autopos）」――は、また同時に、そこから何かが立ち現われてくる潜勢力を秘めた空間でもある。なぜなら、まずもってアガンベン自身の言説が、この「場なき場」においてしか生起してはこないからである。そのときこの空間は、あの世とこの世を自由に行き来することのできるメルクリウスと、かすかな曙光をもたらすアウローラのカップルが統べる空間へと変貌する。不可能性と可能性、不可視と可視、蝕と光明、裁断と縫合、例外と範例、そのパラドクシカルな場こそが、アガンベンにとっての「閾」である。

それゆえ、このような「閾」は、不思議な両義性を帯びることになる。なぜならそこは、アガンベンが暴き出そうとすると同時に、彼自身があえて身を置こうとする場にして非 - 場でもあるのだから。その意味で興味深いのは、『到来する共同体』のなかの、「外」と題されたアフォリズムの次の一節である。

> 「外(フオーリ)」という概念が、多くのヨーロッパの言語において、「扉口で(アッレ・ポルテ)」を意味する言葉から引き出されているというのは、重要なことである（ラテン語の「フォリス」は「家の扉」、ギリシア語の「テュラテン」は、文字どおり「敷居で」ということ）。「外」は、ある特定の空間の向こう側にある別の空間なのではない。そうではなくて、通路＝突破口(ヴァルコ)であり、その空間に出入りするための外形なのである。一言でいうなら、その空間の顔であり、かたち＝像(エイドス)ということだ。
>
> この意味において、敷居＝閾(ソリア)は、境界＝限界(リミテ)とくらべて別物ではない。いわば閾は、限界そのものの経験であり、「外の内にある（l'esser-dentro un fuori）」ということである。このような脱 - 自（ek-stasis）こそ、人間の空の手から個人が受け取ることのできる贈物なのだ。（CHV: 46）

アガンベンは、ここでさりげなく自己を語っている。「限界の経験」――例外状態と言い換えてもいい——として彼が選び取った「閾」こそ、みずからの「顔」であり、「エイドス」であり、身振りである。同じ本の「ゆとり(アジオ)」と題されたアフォリズムの一節を、さらに重ねて読むなら、アガンベンの身振りの意味がいっそうくっきりとしてくるだろう。

「アジオ(agio)」とは、表象不可能なこの空間の名前そのものである。「アジオ」という語が指し示しているのは、実際、その語根にしたがうなら、すぐそばの空間(ad-jacens, adjacentia)であり、各自が自由に動き回ることのできる空の場であり、空間の近接とうってつけの時間とがその境を接していて(「のんびりとして[ad-agio]」、「暇がある[aver agio]」)、快適さと適切な関係とがその境を接しているような、意味論的な布置なのである。(CHV: 18-19)

アガンベンは、ここでもまたさりげなく自己(の身振り)を語っているように、わたしには思われる。「ゆとり」とか「気楽」という意味をもつ「アジオ」が、本来は、「すぐそばの空間」を指すとするなら、それはまた、「閾」とも重なるものであろう。「閾=すぐそばの空間」は、一方で、深淵や闇が口を開けた空間であると同時に、他方で、「自由に動き回ることのできる」くつろいだ「空の場」でもありうるのだ。ちなみに、「残余(シャバト)」もまた、文字どおりには

「休止、休息」を意味し、ユダヤ教における安息日のことにほかならない。アガンベンの身振りがかたちをとり、その修辞が立ち上がってくるのは、まさしくこの両義性においてこそである、とわたしは考える。

だが、そのことでアガンベンを非難するのは少々酷というものだろう。なぜなら、誰にでも、なにがしかの「気楽」は必要なのだから。もちろん、この「すぐそばの空間」は、アガンベンにとって、キリスト教が説いてきたような天上の楽園ではありえないし、まして、それを未来へ投影した政治的ユートピアでもありえないことは、言うまでもない。むしろそれは、いまこのときにそのつど到来する何ものかでなければならないのである。そしてそこにこそ、彼の言う「到来する共同体」の意味はある。

6

とすれば、この「自由に動き回ることのできる空の場」には、愛もまたその位置を占めているにちがいない。なぜなら、そこでは「快適さと適切な関係とがその境を接している」というのだから。それゆえアガンベンが、『開かれ』のエピローグを前に、ティツィアーノの《ニンフと牧童》を引き合いに出しながら、愛について語りはじめるのも、けっして突飛なことではない（第一九章）。ティツィアーノの晩年作——白鳥の歌——が体現するニュンフと牧童の愛とは、支配や力や我有化とは無縁のものであり、「自然と智慧、隠蔽と露顕の彼岸にあって」、「交互に宥和し合い、たがいの空虚をさらけ出す」愛である。二人は、性の充足のうちにそれぞれの神秘を失うが、そうすることで、動物的でもなければ人間的でもない「閾」＝「脱‐自」にくつろいでいるのである。

『開かれ』の最後を飾る「存在の外で」と題された第二〇章もまた、この文脈において読まれなければならないだろう。それは、文字どおりの「外」なのではなく、根源的な意味での「外」、つまり「閾」としての、「脱‐自への通路」としての、存在の「顔」としての「外」なのである。そこに身を置くとは、「人間と動物を——人間のうちで——分割する断絶」の空虚をのぞき込むことであり、「宙吊りの宙吊り、人間と動物の残余に身をさらすことにほかならない」。この点でアガンベンの主張は、「動物への生成変化」を提唱するジル・ドゥルーズのそれとは一線を画するものである。

だが、そこはまた、動物／人間という支配‐分離のアポリアからも、両者の和解という神話的でユートピア的な虚偽からも解放された、「気楽」な「空の場」、つまり「無為」の場でもある。アポリアがエウポリアへと転倒する可能性は、そこに秘められているのだ。

しかも、アガンベンによれば、「閾」とはまた「顔」のことでもある。どういう意味においてか。それを解く手がかりは、『目的なき手段』に収録された文字どおり「顔」というエッセーにある。「わたしの顔はわたしの外である。わたしのあらゆる固有性が差異を失い、固有なものと共通なもの、内部と外部とが差異を失う点である」。

そしてつづけて、力強くこう宣言される。「きみたちは、ただきみたちの顔であれ。境界線に向かっていけ。自分の固有性、自分の能力の主体であることにとどまってはいけない。それらの下にとどまってはいけない。それらとともに、それらのうちに、それらを超えて、行くのだ」（MSF: 80［一〇四―一〇五］）。これこそまさに、彼自身が実践してきたものにほかならないのだ。

3　身振り　gesto

1

「閾」に身を置くこと、それはアガンベンが当初から選び取った思考のスタイルであり、「生‐の‐形式（forma-di-vita）」である。やはり彼お好みの表現を借りるなら、「身振り（gesto）」と言い換えてもいいだろう。それゆえこの章では、次のような問いを立てることにしよう。そもそも、この思想家にとって「身振り」とはいかなるもので、また何ゆえにかくも「身振り」にこだわるのであろうか、と。

イタリア人は身振り手振り豊かにしゃべる国民だ、とはよく言われることである。だが、話はそうした一般的な常識論――ステレオタイプ――で片づけられるような問題ではないだろうし、実際にアガンベンが芝居じみた身振りを駆使して講義や講演をする、といった個人的な次元の問題でもない（事実、わたしの知るかぎりそうした形跡はない）。では、いったい何が問題なのだろうか。

「西洋ブルジョワジーは、十九世紀末にはみずからの身振りを決定的に失っていた」とは、『目的なき手段』に収録された一九九一年のエッセー、「身振りについての覚え書き」のなかの含蓄深いセリフである（MSF: 45［五三］）。近代人は、内面性や精神性、自我や自発性のほうをことさら重要視するあまり、所作や振舞いを外面的で形式的なものにすぎないとみなして軽んじる傾向にある。かたちよりも心が大事だ、というわけである。

だが、そうした考え方が主流になるのは、長い西洋の歴史から見たとき、個人主義がそうであるように、比較的最近、つまり近代になってからのことにすぎない。その証拠に、たとえばルネサンスでもっとも貴ばれたのは、「さりげなさ」という高度に洗練された身振りであったし、バロックでも、バルタサル・グラシアンらが推奨した「機知（acutezza）」や「才知（ingegno）」は、内面や精神の能力であるよりも前に、倫理的で実践的、美的で戦略的な局面を有するものであった（ペルニオーラ 一九九九）。

アガンベンの「身振り」もまた、広い意味で、こうした前近代的な――そして、プロテスタント的というよりもカトリック的な――伝統につながっているように、わたしには思われる（とはいえ、誤解のないように断っておくなら、このことはもちろん、アガンベンがカトリック的な思想家であることをストレートに意味するわけではない）。彼自身が引いているように、近代人は、良くも悪しくも「内面の犠牲者」なのだ（PP: 245［三〇二］）。

身振りについてわれわれの哲学者が次のように書くとき、暗にそこで批判されているのは、内面性や自発性を重視してきた、個人主義的で主観主義的な近代の思想である。いわく、「身振りは、人間のもっとも固有な圏域であるエートスの圏域を開く」（MSF: 51［六二］）、「身振りは、人間の、「あいだにあること」をあらわにし、人間に倫理的次元を開く」（MSF: 52［六四］）、と。このことは、われわれに身近な例に引き寄せるならもっとわかりやすくなるだろう。たとえば、お年寄りに席を譲るという振舞いは、自発的にそれがなされるかどうかの問題というよりも、文字どおりかたち——身振り——の問題なのだ。その意味において身振りは、顔と同様に、内と外、内面と外面の「閾」にある、とも言えるであろう。

同じく『目的なき手段』に収録されたエッセー、「『スペクタクルの社会に関する注解』の余白に寄せる注釈」では、次のように言い換えられている。いわく、「身振りとは、生と芸術、現勢力と潜勢力、一般と個別、テクストと上演が出逢うこの交差点の名である」、と（MSF: 65［八二］）。

2

「身振り」はそれゆえ、アリストテレスの区別する「生産＝制作（ポイエーシス）」と「行為（プラクシス）」、それらのいずれとも異なる次元を有する（MSF: 51［六二―六三］）。一方で「生産＝制作」が、何かを作り出すという目的のための手段であり、他方で「行為」はそれ自体が目的であるとすれば、「身振り」は、目的へと向かう手段でもなければ、目的そのものでもない。このことをアガンベンは、古代ローマの文法学者マルクス・テレンティウス・ワルロ（前一一六―前二七年）を援用しつつ強調している。

すなわち、身振りとは、「純粋な手段性の圏域」に属するものであるという意味において、ポイエーシスとプラクシスのあいだに位置づけられるものである。それゆえ、「身振りを特徴づけるのは、そこにおいて人は生産するのでも行動するのでもなく、引き受け、負担する、ということである」。身振りが「エートスの圏域を開く」とするなら、その理由はまさしく、この「引き受け、負担する」という点にこそあるのだ（MSF: 51［六二］）。

この議論をさらに発展させてアガンベンは、「作者」をめぐる問題系へと「身振り」を接続させる。その接続は、アガンベンならではの、アガンベンに特有のものである。『瀆聖』に収録されたエッセー「身振りとしての作者」がそれである。そのなかでアガンベンは、「機能としての作者」というフーコーの名高いテーゼを踏まえつつ、以下のように述べている。「作者は作品のなかでひとつの生が賭けられている点をマークする。それは賭けられているのであって、表現されているのではない。賭けられているのであって、かなえられているのではない」(P: 77［九八―九九］)。

つまるところ、イタリアの哲学者によれば、「作者は死んだ」(バルト)わけでも、「作者という主体は存在しない」(フーコーのテーゼがしばしばそう誤解されてきたように)わけでもなくて、作品のうちに「賭けられて」いるのである。テクストのうちでみずからの生を賭けるということ、それこそが作者の身振り、あるいは作者という身振りにほかならない。しかもそれは、「純粋な手段性の圏域」にとどまるものである。

したがって、ここで注意しなければならないのは、あくまでも「作者」は「賭けられているのであって、表現されているのではない」ということである。なぜなら、「満たされず言葉にされないままにとどまらざるをえない」ものがないかぎり、つまり表象や読解のしそこないがないかぎり、そもそも表象することや読むことは可能とならないからである(不可能があるからこそ可能がある)。かくして、「作者の身振りは作品のなかで検証されつつ、それでも、一貫性のない外部的な現存として、作品に生命を与える」ことになる(P: 77［九九］)。

3

とするなら、われわれはさらに次のような問いに進む必要があるだろう。「作者」としてのアガンベン自身は、いかなる身振りをとることで、何を「引き受け、負担」しようとするのだろうか。何を「賭け」ようというのだろうか。「賭けられているのであって、かなえられているわけではない」その身振りとは、あるいは、作品のなかでつねに満たされないままに残る「賭け」とは、われわれの哲学者にとっていったい何なのであろうか。

まずひとつは「閾」に身をさらすこと、それについてはすでに前章で述べたとおりである。が、ここでわれわれは興味深いことに気づかされる。アガンベンが、手を替え品を替えさまざまな「閾」にその生を「賭けて」きたとすれば、その理由は、どの「賭け」にもつねに「かなえられない」部分がどこかに残っているからである。その不在ないし欠如がなければ、書くことも——そしてわれわれが読むことも——可能とはならないのだ。

「閾」にくわえて、さらにいかなる「賭け」を読み取ることができるだろうか。この問いにたいしては、「破壊」と「償い」というペアをもって答えることができる、とわたしは考える。もちろん、この「賭け」には、ハイデガーとベンヤミンからの教訓が生かされている。というのも、アガンベンにとって「破壊」とは、何よりもまず歴史の連続性を断ち切ることだからである。興味深いことにも、早くも『中味のない人間』において、この破壊という身振りは、「一種のメシア的な停止」と言い換えられている（USC: 165［一六二］）。

そして、『中味のない人間』でもくろまれるのが、芸術と感性の学としてのカント以来の美学の破壊である。さらに、『幼児期と歴史』における実証主義的な歴史学の破壊、『言語活動と死』における詩学と言語学の破壊、『ホモ・サケル』における政治学の破壊、『アウシュヴィッツの残りのもの』における倫理学の破壊、『例外状態』における法学の破壊、『残りの時』や『王国と栄光』における神学と経済学の破壊、『言語活動の秘蹟』における宗教学の破壊、「ホモ・サケル」計画全体における存在論の破壊、とつづくことになる。このラインナップはまるで、思考のテロリズムとも呼べるほどの勢いと強度をもっている。

この「破壊」の作業は、いずれも、それぞれの領域で常識とされてきたような概念や用語を根本から問いなおすことによって進められる。そして、フーコーの系譜学（あるいは哲学的考古学）の方法に倣って、新たに組み換えと再構築を試みる、という手順がとられるのである。

ただし、イタリアの後輩はあえて、フランスの偉大な先輩とはいくつかの点で異なる身振りをとろうとする。そのひとつは、ニーチェ起源の系譜学を、アリストテレス＝ハイデガー的な存在論と合体させようという身振りである。第1章で見てきたように、『ホモ・サケル』はそのもっとも顕著な例であると言えるだろう。さらに看過されてならないのは、フーコーが手をつけようとはしなかった領域、すなわち法学と神学の「破壊」という危険で困難な「賭け」にもあえて打って出ようとする、という点である。言うまでもなく、『例外状態』、『王国と栄光』や『王国と楽園』がそれであり、最初が法学の、後の二つが神学の「破壊」にかかわる。

4

しかも、このテロリストは同時に、どこかでメシアたろうとする「負担」をもみずからに課しているように思われる。その身振りがすでに『中味のない人間』において現われていることは、ついいましがた見たとおりである。もちろんそれは、「破壊」と「償い」とをペアで捉えていたベンヤミンから学ばれたものである。よく知られているように、ベンヤミンにとって、伝統と経験の破壊は、未完の過去をいまこのときに完結させることによって償われなければならなかったのである。これに関連してアガンベンは、通説に反して、神において償いや救済は、創造に先行しているとすら述べる（N: 9［一〇］）。

たとえば、『アウシュヴィッツの残りのもの』を見てみよう。その冒頭からいきなり提示されるのは、それまでの倫理の破壊と新たな償いという、まさしく危険な「賭け」にほかならない。いわく、広く妥当なものと認められ信じられている倫理の原理——罪や責任、純潔（無罪）や赦しなど——は、どれも「最後の試練、すなわち「アウシュヴィッツの流儀で証明されたエチカ（Ethica more Auschwitz demonstrata）」として通用するための試練に耐えられなかった」、と。通常これまでアウシュヴィッツ問題は、罪や責任の観点から捉えられてきたのだが、そしてそれが当然とみなされてきたのだが、それではもはや埒が明かない、というのである。なぜなら、それらはすでに「手のほどこしようがないくらい法に汚染されている」からであり、本来「倫理とは罪も責任も知らない世界」だからである（QRA: 22［二六］）。

とするならば、何によって新しい倫理は償われなければならないのだろうか。アガンベンによればその償いは、「証言」というテーマ、つまり「証言の場所と主体をつきとめるという試み」によってなされうる。まるでフランツ・カフカ——彼もまたメシアに取り憑かれた文学者であった——の『城』を連想させるかのように、アガンベンはみずからのこの賭けを、「新しい倫理の土地に取り組む地図製作者」になぞらえ、自分の任務は、未来の地図製作のために「目印となるかもしれない杭をあちこちに打ち込む」（QRA: 9［一〇］）ことだと説明している。

それにしても、なぜ「証言」が問題となるのだろうか。アガンベンは、アウシュヴィッツからの生還者プリモ・レーヴィの有名な逆説、「回教徒こそが完全な証人である」にとりわけ注目する。「回教徒（ムーゼルマン）」とは、当時収容所で使われていた隠語で、「よろよろと歩く死体」つまり生きた屍のことを指す。レーヴィはまた彼らを「沈んでしまった者たち」とも呼んでいる。「ゴルゴンを見た」者、「底に触れた」者として彼らは、語るべきことはたくさんあるのだが、話すことができない。証言しえない人たちこそが真の証言者であるという逆説。もっとわかりやすく言うと、もっとも深い悲しみは、涙や慟哭によってではなく、むしろ沈黙によって示されるという逆説に近いものであろうか。

この逆説をアガンベンは、本書を通じて何度も繰り返し言い換えている。たとえば、「証言は語ることの不可能性との関係性を通してのみ与えられることができる」とか、証言とは「語ることの可能性と不可能性のあいだの諸関係のシステム」（QRA: 134［一九五］）のことである、といった具合に。

が、それだけではない。「証言」という観点から「アウシュヴィッツ以後の倫理」を思考するアガンベンにとって、批判されるべきは、生き残った者が深い罪の意識や責任感に苛まれるがゆえに沈黙してしまう、という従来の常識的な議論である。彼によれば、このような古典的で英雄的な悲劇のモデル――それについては『イタリア的カテゴリー』所収のダンテ論に深い考察がある（岡田 二〇〇二）――ほどアウシュヴィッツから遠いものはない。「アウシュヴィッツでは、いかなる悲劇的葛藤も不可能である」（QRA: 90［一二九］）。

アガンベンによれば、証言の倫理にとって前提となるのは「恥ずかしさ」である。いかなる意味においてか。レヴィナスやハイデガーを参照しつつアガンベンは、それを、欠陥や不完全さの結果ではなくて、主体がみずからの内奥にあってみずからを超えた力に否応なく引き渡されることである、と規定する。すなわち、「恥ずかしさにおいて、主体は自分自身の脱主体化という中味しかもっておらず、自分自身の破産、主体としての自分自身の喪失の証人となる。主体化にして脱主体化という、この二重の運動が、恥ずかしさである」（QRA: 97［一四一—一四二］）。つまり恥とは、われわれがわれわれ自身から引き離すことのできない何かなのだが、しかし同時に、だからと言ってそれを十全に引き受けることもできない何かなのだ。そしてこの二重のプロセスこそが、証言それ自体の条件となるものなのである。

さらに、「作者（autore）」の語源となった「アウクトル（auctor）」というラテン語に言及され、この語がもともとは、被後見人に欠けている「権威」を後見人が授けることを意味していたこと、それゆえ「助言者」や「証人」などという意味をも有していたことが指摘される（QRA: 139-141［二〇〇—二〇四］）。こうしてお得意の語源学に訴えることで、アガンベンは、証言がはらんでいる逆説をいっそう鮮明に浮かび上がらせようとするのである。つまり証言に「権威」を授けうる「アウクトル」は、語りえない証言者たちのほうである。語りえるものは語りえないものによってこそ保証を与えられているのである。そしてそこにこそ、新たなる倫理が立ち上がってこなければならない。

5

しかもこのような逆説は、アウシュヴィッツの「回教徒」たちだけに限られる話ではない。多かれ少なかれ、証言一般に、さらには言表行為そのものに敷衍されうる問題でもあるのだ。たとえば、わたしが「わたし」と言ったまさにその瞬間に、わたしは分裂したものとなる。語るわたしと語られるわたしとは、どこまでいっても余すところなく完全に一致するということはありえない。語りえないままに終わるわたしが、あくまでも残りつづけるのである。

つまり、言い換えるなら、言表において主体化と脱主体化とは、つねに切り離しえないかたちで結びついているということだ。そもそも脱創造をともなわない創造がありえないように、脱主体化をともなわない主体化もありえない。アガンベンはこの二重のプロセスを、「言葉を発する行為に含まれているこの内密な疎外」とも呼んでいる（QRA: 109［一五九］）。

それゆえ、やはり逆説的ではあるが、「証言の主体は脱主体化について証言するものである」。すなわち、「いかなる証言も、主体化の流れと脱主体化の流れが休みなくたどるプロセスないし諸力の場となるのである」（QRA: 112［一六四］）。

さて、もしそうだとするならば、証言を記録する装置としてのアーカイヴは、どのような形態をとりうるのだろうか。この問いこそ、『アウシュヴィッツの残りのもの』の最終章のテーマとなるものである。本書にはまさに「アーカイヴと証人」という副題が付いているのだ。とはいえ、アレクサンダー・ガルシア・デュットマンも指摘しているように、この章はやや粗い草稿にとどまっているといった印象が否めないのも事実である（García Düttmann 2001）。が、そこには重要な論点がちりばめられているように、わたしには思われる。

アガンベンはここで、まずはフーコーの『知の考古学』を手がかりとしながら、アーカイヴを「言表されるものの形成と変形の一般的システム」として規定する。つまり、われわれが素朴に考えるものとは違って、アーカイヴは、記録や遺品などの蒐集ではないし、過去から未来へと引き渡される保管品のカタログのことを指すわけではないのだ。

そのうえでアガンベンはさらに議論を一歩進める。彼にとってアーカイヴとは、「意味をそなえたあらゆる言説のうちに、その言表の機能として刻み込まれている非 - 意味論的なものの集積であり、あらゆる具体的な発話を取り巻いてそれを限界づける暗い余白である」。言い換えるなら、アーカイヴは「言表されたという事実によってあらゆる言葉のうちに刻み込まれた、語られていないもの、あるいは語りうるもの」の集合体なのである（QRA: 134［一九四］）。それゆえこのアーカイヴはまた、『スタンツェ』の「エピローグ」に登場する「運命」の図書館にも近いものである。そこには、書かれたかもしれない本とけっして書かれえない本が、冥府へ向かって下へ下へと積み重ねられていたのだ。

言表において言われていないこと、見えていないもの、つまり「暗い余白」こそが真のアーカイヴたりうる。まさにアガンベンらしい逆説的レトリックの身振りがここにもいかんなく発揮されている。そこにはまた、ベンヤミン譲りのメランコリーが影を落としているように思われる。

6

ところが、この本の結末で話はもういちどひっくり返されることになる。これもまた、われわれの著者ならではの計算された身振りと言えよう。いったい、どういうことだろうか。

アウシュヴィッツについては語りえない、表象不可能な出来事である、とかたくななまでに主張しようとする一部の傾向にたいして、ここぞとばかりに鋭く釘を刺しているのである。語りえないことこそが重要だと、それまでさんざん説いておきながら、あたかも土壇場で突然に寝返ったかのような仕儀である。

だが、もちろんそれが裏切りでないことは、すぐにわかる。というのも、真に問題なのは、表象不可能性それ自体ではなくて、可能性と不可能性のあいだの閾もしくは残余だからである。

それゆえ、ホロコーストを表象しえないものとする立場は退けられる。いわく、「比類のなさと語りえないことを結びつけることによって、アウシュヴィッツを言語活動から絶対的に隔絶された現実としているのなら、〔……〕彼らは無自覚なままにナチスの身振りを反復していることになり、権力の奥義にひそかに加担していることになる」。なぜならそこでは、証言そのものを成り立たせている「語ることの不可能性と可能性のあいだのつながり」がきっぱりと断ち切られてしまっているからである（QRA: 146［二一二］）。

したがって、語りえない「回教徒」こそが真の証人であるとみなしたレーヴィが、それにもかかわらず、「わたしは回教徒だった」という告白とともに語りはじめるのは、アガンベンによれば、「逆説に反していないどころか、逆説を正確に立証している」（QRA: 154［二二三］）。なぜならレーヴィは、証言の不可能性と可能性、言表における脱主体化と主体化のあいだの緊張を断ち切っているのではなく、あくまでもそこにとどまろうとしているからである。

そもそも証言と言うとき、われわれは普通、何を証言しているのかという、個々の証言の中味に重点を置いて捉えがちである。だがアガンベンは、いかなる証言かということよりも、証言とはいかなるものかという存在論的な問いのほうにむしろ焦点を当てる。言われた事柄や伝達されるべき内容よりも、何かを言わんとすることそれ自体――それゆえ言われないままに残るもの――が重要なのだ。それは、沈黙ならざる沈黙であり、闇から立ち上がってくる声である。そして、法に侵食された責任や罪といった従来の観点からではなく、証言という観点から倫理の問題を再考しようとする動機も、まさしくそこに、つまり言語活動が生起するという根本的な事実それ自体のうちに求められるのである。伝統的な倫理の破壊は、そこにおいて償われる。

とはいえ、アガンベンのこうした身振りは少なからぬ批判の対象ともなってきた。証言の問題がどちらかと言うと美学化され修辞化されているのではないか、と。この批判を完全に打ち消すこともまた困難である。事実、『アウシュヴィッツの残りのもの』において、詩人ジョン・キーツの言葉などが引かれて、詩的創造における脱主体化の問題が、証言における脱主体化の問題と並行して論じられているのである。

7

だが、こうした身振りもまた、実は本人も自覚のうえのことである。プラトン以来、詩と哲学とのあいだに抜き差しならない反目があったとすれば、むしろその反目を丸ごと引き受けて、両者の緊張関係のなかで思考すること、その身振りをアガンベンは早くから選択し、一貫して実践してきたのである。

たとえば『スタンツェ』では、その書き出しからいきなり、詩と哲学の「古い反目」のことが槍玉に挙げられる。いわく、西洋の言語はますます哲学と詩のあいだで引き裂かれてしまい、一方は悦びなき認識へと、他方は認識なき悦びへと向かってきたのだが、いまや急を要するのは、哲学にそれ本来の悦びを、詩にそれ固有の認識を奪還することである、と（S: XIII［一二―一三］）。

これ以後アガンベンは、およそあらゆる機会を捉えては、詩（的なるもの）と哲学とをあえて突き合わせ、闘わせることを試みてきた。『幼児期と歴史』や『言語活動と死』は、ある意味で、まさしくこのテーマに丸ごと捧げられていると言っても、まんざら牽強付会にはならないだろう。『思考の潜勢力』の巻頭に収められた論考「もの自体」では、「詩的な任務を取り戻すこと」こそが「到来する哲学の課題である」とまで宣言される（PP: 23［二八］）。『装置とは何か』にいたっては、その書き出しから、哲学が扱うさまざまな概念や用語は実のところは「思考のための詩的な契機」にほかならないものだ、とまで言い切っている（CCD: 5［八四］）。

この知的にしてかつ美的な構えはもちろん、彼が美学から出発していることとも深くかかわっているが、しかし理由はたんにそれだけではない。言語活動のうちでこそ、芸術のみならず、政治や宗教、法や倫理といった、哲学が本来その対象とすべきあらゆるものが結びついてくるからである。

しかも、アガンベンの最大の関心は、いずれの場合においても、言語活動の中味というよりも、言語活動が生起するという事実そのものにある。つまり、「個々の意味の彼方もしくは手前にある、言語活動という純粋な出来事である」（PP: 28［三三］）。このことは言うまでもなく、幼児期においてもっとも典型的なかたちで経験されるわけだが、アガンベンは、詩的創造もまたこれに比されうると考えているのである。そして、アウシュヴィッツにおける証言――「語ることの可能性と不可能性のつながり」――の問題の本質もここにある。それゆえアガンベンが、意味それ自体よりも、記号と意味、フォネーとロゴスとのあいだに横たわる亀裂――「閾」もしくはスラッシュ「／」――につねに思考の照準を合わせるのも、偶然ではない（これについては第7章で詳しく検討することになる）。

この意味において象徴的な、論考「もの自体」のなかの一文を引用しておこう。「哲学的解明の任務とは、言葉とともに到来し、言葉の助けとなるということである。というのも、言葉において、言葉自体が言葉に従属したままにとどまることを止め、言葉として、言葉へと赴くようにするためである」（PP: 19［二三］）。そうした言葉を代表するもの、それこそまさしく詩の言葉にほかならないわけだが、アガンベンは、詩のみならず他の領域においても、「閾」のうちに生起してくる言語活動を起点にして思考を試みようとするのである。

彼のコーパス（身体＝作品集）を順にたどるなら、その推移がくっきりと浮かび上がってくる。

すなわち、まずは芸術（『スタンツェ』）にはじまり、言語活動それ自体（『幼児期と歴史』と『言語活動と死』）を経由して、政治（『ホモ・サケル』）、倫理（『アウシュヴィッツの残りのもの』）、法（『例外状態』）、統治＝経済（オイコノミア）（『王国と栄光』）、そして宗教（『言語活動の秘蹟』）とつづくのである。このように、その仕事は、人間の言語活動のほぼ全領域を覆いつつある、といっても過言ではない。

8

しかも興味深いのは、この間、ほぼ途切れることなく長短さまざまな詩論が著わされていることである。それらのほとんどは、一九九六年に初版が上梓され、二〇一〇年に新たに増補版として出版された『イタリア的カテゴリー』に収録されている。そこでは文字どおり、中世から現代までのさまざまな詩的言語が考察の対象となっているのだが、たとえば「喜劇」と題された一九七八年――ちなみに『スタンツェ』の翌年――のすぐれたダンテ論などが証言しているように、早くも政治や倫理や宗教のテーマが言語の問題と分かちがたいかたちで結びついているのである。もちろん、対象がダンテであってみればそれは当然のことなのかもしれないが、肝心なのは、若いアガンベンが最初からそうした身振りをとろうとしていたことである。

それゆえ、ある意味でアガンベンの仕事のすべては（もちろん政治的なものも含めて）、詩と哲学という両極性のあいだで、あるときは重厚かつ荘重に、またあるときは軽妙かつ流麗に繰り広げられるダンスのごとき身振りとして読むことができるように、わたしには思われる。前者の側には一連の「ホモ・サケル」のシリーズを、後者の側には『瀆聖』や近著の『裸性』など一連のエッセーを位置づけることができるだろう。

ただしもちろん、重厚や荘重がアカデミックな衒学と、軽妙や流麗がジャーナリスティックな軽薄とまったく別物であることは、あらためて断るまでもないだろう。詩論『イタリア的カテゴリー』は、重厚から軽妙まで強度と密度を異にするその多様な身振りをまとめていちどに披露してくれるのである。

かつてアガンベンは、ベンヤミン以後の二十世紀ドイツにおける最大の批評家と彼が高く評価するマックス・コメレルを論じたエッセー――「身振りについて」というサブタイトルが付いている――で、批評を三つの水準に分けたことがある。「文献学的・解釈学的水準」、「観相学的水準」、「身振り的水準」と彼が呼ぶものがそれで、これらは順に同心円を描くようにして広がっていく。「第一の水準は作品解釈を展開し、第二の水準は類似という法則にしたがって(歴史的次元や自然的次元へと)作品を位置づけ、第三の水準は作品の意図をひとつの身振りへと(あるいはいくつかの身振りからなる布置へと)解きほぐす」(PP: 237〔二九二〕)。

あたかもコメレルにかこつけて著者は、自己の方法を披露しているかのようである。なかでも身振り的なものは、もっとも高くて広い射程を有するものである。というのも、そこに作者は「ひとつの生を賭ける」（かなえるのではない）からであり、それによって「エートスの圏域を開く」からである。しかも、身振り的水準は最終的には政治的次元に到達する。なぜなら、「政治こそが人間という存在の絶対的・全面的な身振り性の圏域だからである」（PP: 249［三〇五］）。

4　瀆聖　profanazione

1

アガンベンに特徴的な「身振り」のひとつにまた、聖なるものを穢すこと、冒瀆すること、すなわち「瀆聖（profanazione）」がある。「瀆聖礼賛」というエッセーでは、まさしくその身振りがいかんなく発揮されている。だが、ここでもすぐに疑問が湧き起こってくるはずである。そもそも、すでに神は死んで久しく、あらゆるものが世俗化されているように思われる現代にあって、その「神聖を穢す」必要のあるものなど、もはやどこにも残っていないのではないだろうか。あるいは、たとえもし残っているとしても、いったいわざわざいかにしてその神聖を冒すというのであろうか。そして、なぜその必要があるのだろうか。われわれの哲学者にとって、「瀆聖」とはいったいどのようなもので、彼の思想においていかなる役割を果たしているのであろうか。

こうした疑問にアプローチする前に、古くから西洋で「神を穢す」行為の典型とされてきたもの、つまり聖体(hostia)に向けられた冒瀆について簡単におさらいしておくのも無駄ではないだろう。具体的には、キリストの肉として聖別された聖体のパンを盗む、売買する、偽造するといった行為である。果ては、本当にそこから血が出るかどうかナイフで刺して確かめるとか、熱湯や火中に投げ込む、肥やしのなかに埋める、といったものまである。とりわけ、西洋で聖体への関心がにわかに高まる十三世紀以降、聖体を冒瀆したという事件が各地で報告されるようになるが、その張本人はたいていユダヤ人であるとされた。

要するに、聖体にかこつけては、ユダヤ人を虐待したり排斥したりするということが、頻繁におこなわれていたのである。聖体への冒瀆を断罪することは、逆に、聖体への信仰を高める効果をもつ。包摂と結束のシンボルであるキリストの身体は、ひるがえって、排除と差別のシンボルともなるのだ。アガンベン流の言い方をするなら、聖体は包摂的排除を作動させる限界的な神学の装置として機能してきたわけである。これについて以前わたしは、『キリストの身体』のなかで論じたことがある(岡田 二〇〇九)。

ところで、アガンベン本人が聖体の冒瀆に言及しているわけではないのだが、このちょっとした脱線は、われわれの議論にとって示唆的である。というのも、「瀆聖」が本来、宗教と法と政治の接点に位置し、包摂的排除とも無関係ではありえないということが、このことからも確認できるからである。

2

一方、アガンベンがしばしば取り上げるのは、宗教的なものの本質にかかわる用語が、基本的に両義性を帯びているという事実である。「聖なる、尊い」という意味のラテン語「サケル(sacer)」には、「呪われた、卑しい」という意味もある。「ホモ・サケル(homo sacer)」という特異な存在の謎はこの両義性のうちに潜んでいるのだが、驚くべきことに、アガンベンはすでに一九八二年の『言語活動と死』のころからこの点に注目していたのである。その証拠に、結末近くでこう喝破されているのだ。「法律もサケルであれば、法律を侵犯するものもサケルである」、と(LM: 132［二四三］)。われわれの哲学者のコーパスにおいて、驚くべきことにこのセリフは、まるで十三年後の『ホモ・サケル』を予告するかのように響いているのである。

さらに、「宗教(レリギオー)(religio)」の語源に関連しても、それは、人間的なものと神的なものとを「結合する」という意味の「レリガーレ(religare)」ばかりか、反対に「遠ざける、引き離したままにしておく」という意味の「レレゲレ(relegere)」にもつながっていることが指摘される(P: 85［一〇七―一〇八］)。

つづく『言語活動の秘蹟』では、呪術的・宗教的な経験の原点とも言える「誓い」や「祈り」に関連して、それらにおいてもまた、転倒した意味が表裏一体をなすかたちで合体していることが浮き彫りにされる。たとえば、ギリシア語で「祈り」という意味の「アラ(ara)」(動詞では「エペウコマイ」)は、同時に「呪い」という意味をもつ。同じくラテン語の「インプレカティオー(imprecatio)」にも、「祈る」と「呪う」の両方の意味がある。「デウォティオ」の動詞形「デウォウェオー(devoveo)」もまた、「捧げる」ことでもあれば「呪う」ことでもある(SL: 47-48)。イタリア語で「秘蹟」を意味する「サクラメント(sacramento)」にも、「誓い」と「罵り」の両方の意味がある。

これらのことからアガンベンは以下のように結論づける。「いずれにしても肝要なのは、祝福と呪詛とが同じ起源をもつということであり、両者が共存するかたちで誓いを構成しているということである」(SL: 50)。さらに、「祝福の言葉としての誓いと、呪詛の言葉としての呪いとは、同じ言語活動の出来事のうちに、同じ起源をもつものとして内包されているのである」(SL: 56)。ちなみに日本語でも、「呪う」という漢字は、「のろう」とも「まじなう」とも読めるが、これなども同じ文脈で捉えることができるだろう。両者は正反対のように見えて、実は紙一重なのだ。

このように、古い言葉のなかには正反対の意味をもつものが少なくないことは、もちろんこれまでにも、フロイトやバンヴェニストらによって明らかにされており、アガンベン自身もそれらの研究を踏まえてはいるのだが、聖なるものにかかわる両義性をことさら強調することで、この哲学者はいったい何を謂わんとしているのだろうか。

あるものとその転倒とが分かちがたくも踵を接する境界線上に思考の照準を合わせる、それがアガンベンの一貫した身振りであることは、これまでも見てきたとおりである。そして、宗教をめぐる問題についてもそれは例外ではない。祝福と呪詛とが起源を同じくするなら、聖別と瀆聖もまた、同じコインの両面のようなものである。「冒瀆する、神を穢す」を意味するラテン語の動詞「プロファナーレ（profanare）」は、稀に「犠牲に供する」という意味にも使われ、そのままイタリア語に入っている。「聖別する、捧げる」という意味のラテン語の動詞「サクラーレ（sacrare）」にはまた、同時に「呪う、冒瀆する」という正反対の意味もあるが、この語もその両義性もろともイタリア語にそっくり移されているのである。

アガンベンによれば、こうした両義性は「瀆聖的な操作（あるいは聖別の操作）に構成的なものである」。つまり、「同一の対象にかかわりつつ、その対象を神聖でないものから神聖なものへ、神聖なものから神聖でないものへと移動させて」いるのである（P: 88［一一二］）。たとえば、供犠は基本的にこのような双方向の分離操作からなっている。というのも、「神に捧げられた同じ生贄の一部が感染によって汚され、人間たちによって食べられる一方で、別の部分は神々に託される」からである（P: 90［一一四］）。われわれ日本人にもっとなじみの言葉でいうと、ハレとケとがつねに対であることも、おそらくこれと無関係ではないのだろう。

3

とするなら、何をどのようにして「瀆聖する」、というのだろうか。この章の最初でも述べたように、もはやあらゆるものが世俗化されて久しく、その神聖を穢す必要のあるものなど何も残ってはいないように思われる現代にあって。

こうした根本的な問いにアプローチする前に、もう一点だけ確認しておかなければならない重要事項がある。それとは、ついいましがたはからずも口から出た言葉、「世俗化」をめぐる問題である。

「世俗化（secolarizzazione）」もまた、アガンベンにとって重要なキータームのひとつである。このことは、その「ホモ・サケル」計画において、神学の「世俗化」というテーゼを打ち出したシュミットの仕事がきわめて大きな位置を占めていることからも、容易に想像されることであろう。よく知られているように、シュミットは、絶対主義から民主主義へと移行してきた近代国家にかかわるおよそあらゆる政治的・司法的概念が、「世俗化された神学的概念」にほかならないことを跡づけようとしたのだった。

このように見てくると、「ホモ・サケル」計画の一部をなす二〇〇七年の大著『王国と栄光』は、まさしく、シュミット的遠近法——くわえてフーコーの方法論——に基づく壮大な系譜学の試みであると言えるだろう。そこでは、主権をめぐるシュミットの考察が、さらに「オイコノミア」という支配の形態論（経済論）へと押し広げられ、統治性をめぐるフーコーの考察が、聖三位一体と摂理に関する初期キリスト教の教義にまでさかのぼって検討しなおされているのである。要するに、「経済」の語源となった「オイコノミア」もまた世俗化された神学的パラダイムだった、というのである。

とはいえ、アガンベンによる「世俗化」の捉え方は、シュミット——およびマックス・ヴェーバーやカール・レーヴィットら他の世俗化の論者たち——とも、また「世俗化」に異を唱えたハンス・ブルーメンベルクとも、かなり性格を異にするものである。そして、その違いは以下の二点に要約できるように思われる。あえて単純化して言うなら、ひとつは、「世俗化」とは概念でも実体でもない、という点。そしてもうひとつは、「世俗化」ではいまだ生ぬるい、という点である。

前者についてアガンベンは、みずからの方法論を語った重要な著書『事物のしるし』のなかで、以下のように明快に述べている。

神学的概念系と政治的概念系との「構造的同一性」が問題であれ（シュミットのテーゼ）、あるいは、キリスト教神学と近代との不連続性が問題であれ（これが、レーヴィットにたいするブルーメンベルクのテーゼ）、いずれにしても「世俗化」は概念なのではなくて、戦略的な操作子であるという事実に、〔論争の〕参加者たちの誰もが気づかなかったように思えるのだ。この操作子によって、政治の諸概念がしるしづけられ、その神学的な起源に送り返されるのである。つまり世俗化は、近代の概念系にあってしるしとして働き、この概念系を神学へと送り返すのである。（SR: 77-78〔一一九―一二〇〕）

アガンベンによれば、「世俗化」とは、実体化されうるような歴史的事象であるというよりも、「戦略的な操作子」であり、さらに言い換えるなら「しるし」である。「しるし」と聞くと、占星術や記憶術すら連想され、どちらかと言うと古風に響くかもしれないが、アガンベンはこれをフーコー（『知の考古学』）から引き出してくる。一見してかけ離れているようにみえる諸現象を、意外な類似性によって結びつける「しるし」は、同一性に基づく記号よりも、はるかに柔軟で有効な操作子たりうるのだ。

この点に関して『王国と栄光』でも、その書き出しから次の点が確認されている。すなわち、世俗化とは、（ヴェーバーのような）脱神学化と幻滅の過程なのではなくて、むしろ「神学が現前しつづけているということ、神学が近代においてまさしく働きつづけているということを示す」「しるし」として機能している、というのである。そのうえでさらに、「しるしを知覚する能力がわれわれになければ、しるしが諸理念の伝統において働かせているずらしや移動をたどる能力がなければ、たんなる概念史はまったく不十分なものとなる」、と指摘する（RG: 16［一八―一九］）。

4

このような「しるし」としての、あるいは「戦略的な操作子」としての「世俗化」という理解は、しかしながら、アガンベンにとってまだ生ぬるいものである。なぜなら、「世俗化」は「もろもろの力に手を触れることはせず、ある場所から別の場所へと移し換えるにとどまる」からである。たとえば、主権のパラダイムは神の超越性が世俗化したものにほかならないが、それによって「天上の君主制は地上の君主制に転位されただけで、その権力は手つかずのまま残される」（P: 88［一一二］）。要するに、そのかぎりにおいて「世俗化」は、事実確認的で現状追認的な次元にとどまったままで、批判的なものでも行為遂行的なものでもありえないのである。つまり、「世俗化」にとどまるままでは、アガンベンが理想とする批評の「身振り的水準」には達しえないということだ。

とするなら、いかにすれば「世俗化」を事実確認的なものから行為遂行的なものへと、「文献学的・解釈学的水準」から「身振り的水準」へと引き上げることができるか。そこで登場するのが「瀆聖」である、とわたしは考えている。

だがそれにしても、すべてが「世俗化」しているように見える現代において、いったいいまさらいかなるものの神聖をいかにして穢そうというのだろうか。かくしてわれわれは、本章の振り出しの問いに戻ってくることになる。

ここで鍵となるのは、「遊戯」という身振りである。二十世紀の思想において遊戯が、文化や芸術を読み解くうえでの重要なキータームとなってきたことは、歴史学のヨハン・ホイジンガや現象学のオイゲン・フィンク、社会学のロジェ・カイヨワや精神分析のD・W・ウィニコットなどの著作を通じて、よく知られている。が、アガンベンはさらに話をその先へと進めて、神学や法の問題へと接続させようと試みるのである。

その兆候は、すでに比較的初期の著作『幼児期と歴史』において現われている。「おもちゃの国」と題された章で、「遊戯と聖なるもの」との関係性をめぐるバンヴェニストの考察を踏まえて、次の点が強調されているのである。いわく、遊戯は「聖なるもののうちに起源をとりなから、聖なるものについての転倒し粉砕されたイメージを提供する」、と（IS: 72［一二四］）。それゆえ、「古いものはすべて、その聖なる起源とは無関係に、遊び道具になることができる」（IS: 73［一二六］）。要するに、遊戯は「神聖なものから派生するだけではなく、何らかの仕方でその転倒を表象している」のである（P: 86［一〇九］）。そしてここにこそ、遊戯が瀆聖と対応するゆえんがある。

だが、近代人は本来の意味での遊びを忘れてしまっている、とアガンベンは診断する。というのも、いみじくもベンヤミンが鋭く見抜いたように「宗教としての資本主義」――近著『創造とアナーキー』でこのテーマが再考されている（CA: 113-132）――が世界にあまねく浸透し、ギー・ドゥボールが診断したように社会全体の「スペクタクル化」がますます進行する現代において、われわれは、物神（フェティッシュ）と化した商品やマスメディアにがんじがらめに縛られているからである。

いわゆるブランド品が、事物の聖別化でないとしたら、いったい何であろうか。コンピュータゲームやテーマパークのマスコットショーなどへの熱狂が典礼的なものでないとしたら、いったい何であろうか。大都市に屹立する高層ビルが、天にそびえるゴシック大聖堂のよみがえりでなくて、いったい何であろうか。

文化遺産のみならず自然すらもいまや博物館と化し、観光という資本主義の宗教がその楽しみ方を制約する。つまり、世界遺産に吸い込まれる観光客は、聖地に引き寄せられる巡礼者の生まれ変わりにほかならないのだ。かつて聖人たちに注がれていた熱狂は、スクリーンやテレビのスターに向けられている。いまや彼らこそが正真正銘のアイドル＝偶像である。その昔、太陽の所有をめぐる神々の争いを象徴していた球技は、マスメディアの支配下で完全にスペクタクルと化している、等々。

こうして、すべてが消費と見世物に供される時代をわれわれは生きている。しかも、そこにおいてはたいてい、崇拝や典礼といったかつての宗教的な意図がそっくりと世俗化して生きつづけているのだが、われわれはそのことにほとんど気づいていない。このことが意味するのは、「神聖を穢すことが不可能になった（あるいは少なくとも特別な手順が要請される）」ということである（P: 94［一一九］）。なぜなら、それと意識することなく、崇め祀っているからである。

5

とするなら、このように神聖化と世俗化とがもはや区別のつかなくなった現代において、その神聖を穢す——取り戻すのでは断じてない——ための「特別な手順」とは、いったいどのようなものでありうるのだろうか。

そこで要請されるのが、本来の意味での「遊戯」という瀆聖的な身振りである。それは、ある目的に縛られていた使用を無力化し、それを不活性化することによってのみ、可能となる(P: 99［一二五］)。いろいろな著書のなかでアガンベンはそれを、「自由な使用」とか「共通の使用」、あるいは「権利なき使用」、「使用の新しい次元」などと呼び換えている(MSF: 93［一二三］など)。たとえば、獲物を狙うという目的から解放されて、猫が糸玉で遊ぶように。あるいは、ベンヤミンのエッセー「昔のおもちゃ」によるなら、「高貴きわまりない王侯の人形」であっても、「子どもの遊びコミューンのなかでは、有能なプロレタリアート同志となる」こともあるように(ベンヤミン　一九九六：五九)。

だが、共通にして自由な使用とは、実のところはどういうことなのだろうか。この点に関連して、アガンベンの問題意識は早くも『スタンツェ』において表面化していたように思われる。というのも、「オドラデクの世界で」と題された、ベンヤミン＝カフカ的なその第二章において、商品とスペクタクルの出現という現実をはじめて目の当たりにした近代人が、それといかに対決しようとしたのか、いかに戯れようとしたのかが、当時の文学(ボードレールの絶対商品、リルケの人形)や芸術(グランヴィルのカリカチュア)、思想(マルクスやフロイトによるフェティシズム)や振舞い(ブランメルのダンディズム)など、一見したところ無関係に思われるもののうちに探られているからである。

オドラデクとはもちろん、カフカの短篇小説「父の気がかり」のなかに登場する、無機物とも有機物とも、生きているとも死んでいるともつかないような奇妙な物体のことである。いったいそれが何を意味するのか、これまでにもさまざまな解釈が試みられてきた。たとえばベンヤミンによれば、それは、「忘却のなかの事物がとる形」であり、物にしてかつ子供である（ベンヤミン 一九九六：一五一）。一方、ベンヤミンへの手紙（一九三四年一二月七日付）のなかでテオドール・アドルノはこれに反論して、オドラデクが象徴するのは物神としての商品であるとみなした。父を悩ませるこの奇妙な物体は、父によって贖われることを求めている、というのである（ローニツ編：七七）。

アガンベンの解釈は、どちらかと言うとアドルノに近いものであるが、ただしなぜかこのドイツの哲学者への言及はない（Vatter 2008）。「オドラデクの世界で」において描き出されたのは、ボードレールやブランメルらがいかに交換価値や使用価値から、そして物神崇拝から解放されようとしたかであり、彼らによる商品の「自由な使用」は、いわば「父による贖い」であったと読むことができるのである。「使用」はまた、所有に対置されるものとして、近著『いと高き貧しさ』や『身体の使用』において重要なテーマとなるが、これについては第10章で検討しよう。

6

一方、『装置とは何か』でも、中世の法学者の言葉を引きつつ、「瀆聖のものとは本来の意味で、かつて神聖もしくは宗教的であったものから、人間の使用と所有に差し戻されたもの」であることが確認される。つまり、「瀆聖とは、〔……〕分離・分割されたものを共通の使用へと戻す対抗装置」なのである（CCD: 27-28［九一］）。

ところが、ここでアガンベンは、それまでよりもさらにいっそう過激になっているように思われる。世界を席巻しつつある携帯電話への嫌悪があからさまに吐露され、いたるところに張り巡らされつつある生体認証のさまざまな統治装置にたいする危機感が、これまでになく強い調子で表明されているのである。というのも、いまやそれらの装置は、世界統治の任務を引き受けながらも、とどまるところなく空回りをはじめ、「世界を救済するどころか、世界を破滅へと導いている」からである。それゆえ、それら「装置の瀆聖は喫緊の課題である」（CCD: 31-34［九二―九三］）。

『開かれ』ではまだ、たんに人類学機械の停止と呼ばれていたにすぎないものが、『装置とは何か』では、統治の諸装置の「瀆聖」という言い回しがとられる。だが、いかにして「瀆聖」

するのか、いかにすれば「共通の使用」へと戻せるのかについては、残念ながら語られないいままである。話すための機械から、書き込む機械へと変貌を遂げたばかりか、コンピュータ、カメラ、新聞や雑誌、書籍、テレビ、オーディオ、ゲーム、手帳、各種クレジットカード、財布、果ては生体認証にいたるまで、貪欲にもあらゆる機能を呑み尽くしつつ、人々をかしずかせている神のごとき携帯電話を、いかにすれば「瀆聖」でき、その「自由な使用」へと戻せるというのだろうか。かく言うわたしも、ケータイを持てないでいる人間のひとりなのだが、その具体的な方策を、アガンベン本人の口から聞いてみたいものである。

近著『裸性』所収のエッセー「ペルソナなきアイデンティティ」において警告されているのも、人間が生体測定的なデータへとますます還元されてきたこと、そしていまや生体認証の装置は警察署や移民局から飛び出してきて、日常生活のいたるところに張り巡らされつつあるという現状である。この過程は、十九世紀の後半以降、警察の捜査手法の開発と歩調を合わせるようにして進んできた。「剝き出しの生」への人間の締め出しは、こうした次元でもまた起こっているのである。

ところで、これらの警告は十分に傾聴に値するものであるとはいえ、やや一面的に聞こえることもまた否定しえない事実である。人間と機械（あるいは装置）との関係を、この哲学者はもっぱら反目と戦いの観点から捉えようとしているかのようである。事実、ベルナール・スティグレールら技術論の思想家たちから、そうした批判がアガンベンに向けられている（Stiegler 2008; De Boever 2010b)。テクノロジーと近代をめぐるアガンベンの理解は早計で未熟なものでしかない、というのが批判のポイントである。

こうした批判を払拭することもまた困難であろう。その意味では、たとえば人間と技術とを共通の生成から思考しようとしたジルベール・シモンドン――「ゲニウス」というエッセーも証明しているように、アガンベンはこの技術論と個体化論の思想家をはっきりと意識している――と突き合わせてみることは有益なことのように思われるが、それは小論の射程を超えている。

ひとつのヒントが隠されていると思われるのは、『裸性』に収録されたエッセー「天の栄光に浴した肉体」で語られるナポリ人の特異な技術観である。この町を愛した哲学者ゾーン・レーテルと彼が提唱する「壊れものの哲学」を紹介しながらアガンベンは、ナポリ人がいかに故障した機械を別のものに再利用する能力に長けているかに言及する。「ナポリ人にとって、物は利用できない状態に陥ってからはじめて機能しはじめる。いいかえればナポリ人は、実用的な物品を、それらが活動しなくなってからようやく、本当の意味で使用しはじめる」。というのも、「快調に機能する下ろし立ての物品は、ナポリ人を苛立たせ、ナポリ人に嫌悪の情を催させる」からである。「こうした振舞いのなかに含まれる技術的な範例は、現今に流通しているそれよりも、より次元の高いものである」。なぜなら、「人間が盲目的な自動作用に異議を唱え、機械に対立し、想定された領域や使用法から機械を配置転換することを学ぶやいなや、本当の技術がはじまる」からである（N: 140-141〔一五八―一五九〕）。つまるところ、アガンベンにとって技術とは、便利な機械をありがたがるのではなくて、反対に瀆聖し、ナポリ人のようにそこで戯れることに存するのである。

いずれにせよ、アガンベンが「瀆聖」という行為遂行的な言葉でわれわれに伝えようとするのは、神は死んだかに見える現代においても、品を替えかたちを変えて、「聖なるもの」とそれを分離・分割する諸装置は生きつづけているということである。供犠の理論家たち――エミール・デュルケム、マルセル・モース、ジョルジュ・バタイユ――において、犠牲の時空とわれわれが生きている日常の時空とのあいだには、一定の距離があるとされるのだが、アガンベンにおいて、両者はまさしく一致している。それゆえ、われわれはそのことに努めて自覚的でなければならない。現代版「聖なるもの」にむやみに振り回されないためにも。

しかも、やはりアガンベンが強調するように、供犠においては構成上もともと「瀆聖」が「聖別」と不可分のものであり、同じプロセスの二つの局面であるとするなら、ベンヤミンの描く子供の遊戯のような予想外の「ほんのわずかなずらし」こそが、「共通の使用」へと道を開く鍵を握っているのではないだろうか。

5　無為　inoperosità

1

アガンベンの仕事に少しでも接したことのある読者なら、おそらく誰もが抱くであろう疑問がある。八十歳を迎えようとしているいまもなお、精力的に執筆や講演活動をつづけている哲学者の口から、これまでことあるごとに「無為（inoperosità）」という言葉が好んで発せられてきたのだが、それはいったいどういうことであろうか、と。何も「制作＝生産」しないどころか、次々と作品（エルゴン）を生み出しているではないか、自己矛盾ではないか、と。そもそもこの哲学者にとって「無為」とはいかなるもので、なぜことさら「無為」を語ろうとするのだろうか。それは、いかなる「身振り」であり、その作者はそこに何を「賭け」ようというのだろうか。

処女作『中味のない人間』には、「無為」という言葉こそ登場しないものの、すでになにがしかの兆しが認められるように思われる。伝統的な美学の破壊をもくろんだこの本は、「おのれの眼前を不動のまま凝視する」デューラーの版画中のメランコリーの天使で幕を閉じるのである（USC: 164-165［一六一―一六三］）。メランコリーは、欲望の対象を喪失する、もしくは喪失したと妄想することによってのみ所有することができるのだ。「喪失」こそが「所有」にほかならないとは、いかにもアガンベン好みのパラドクスである。

その七年後、つづく『スタンツェ』は、「怠惰」をめぐる中世の教会教父たちの議論で幕を開けるのだが、それはあたかも、前作『中味のない人間』のエピローグに応えるかのようである。白昼突然に修道士たちを襲うダイモンは、「怠惰（アケディア）」、「陰鬱（トリスティティア）」、「生の倦怠（タエディウム・ウイエタ）」、「無為（デシディア）」などと呼ばれていた。

意外なことにもアガンベンは、これら西洋中世における「怠惰」の類型学のうちに、ハイデガーの「現存在（Dasein）」との類似性を読み取っている。しかも「怠惰」には、マイナスの面ばかりではなくてプラスの面もある。それは、場合によっては癒しや救済をもたらしてくれるのだ。カトリック世界において「怠惰」は、七つの大罪のひとつに数えられてきたという長い伝統があるが、それにもかかわらず、「悪徳としてではなく美徳としてみなされうる」こともあったという証拠を、アガンベンはあえて中世の教父たちの言説から丹念に拾ってこようとする。「怠惰とは、ただたんに「〜からの逃走」ではなくて、「〜への逃走」でもある」のだ（S: 5-14［一三―三五］）。

われわれがここでまず確認しておく必要があるのは、アガンベンにおいて「無為」が、「メランコリー」や「怠惰」の系譜学を大前提としているという点である。「〜への逃走」に身を置く中世の修道士から、「しないほうがいいのです」がトレードマークのバートルビーまでは、実はほんのわずかな道のりなのである。

2

そもそもわれわれの哲学者が「無為」に注目するのには、もちろん、早くはバタイユやアレクサンドル・コジェーヴ（一九五〇年代）、つづいてモーリス・ブランショやナンシー（一九八〇年代）らによって展開されてきたフランスの思想への応答という意味があることは、十分に予想されるところである。事実、この点に関して『ホモ・サケル』や『開かれ』においても言及されている。フランス語で「無為」は désœuvrement と綴られるが、これは文字どおり、「仕事＝作品（œuvre）」に否定ないし除去を示す接頭辞 dé が付いた単語である。これに対応するイタリア語が「イノペロジタ（inoperosità）」で、同じく「仕事＝作品」という意味の「オペラ（opera）」（さらに「オペロジタ」は「勤勉、活発、多作」という意味）に否定の接頭辞「イン（in）」が付いたかたちになっている。アガンベンが使うのもこの語である。

とはいえ、イタリアの哲学者はフランスの哲学者たちから微妙な距離をとっているように思われる。いかなる意味においてか。

最初に指摘しておかなければならないのは、人間に固有の仕事などもともと存在しない、という固い信念がアガンベンにはあることである。彼はこれをアリストテレス(『ニコマコス倫理学』)から学び取っている。「人間の働き」と題された論考では、この点が、さまざまに言い換えられることで強調されている。「人間は働きのない(アルゴス)ものに生まれついている」、人間は「特定の使命をもたない生きもの」である、人間には「自体的な働き(エルゴン)」があるわけではない、等々(PP: 366-367 [四四五—四四七])。

これは一見するとかなりニヒリスティックな主張のようにも聞こえるかもしれないが、少し視点を変えるなら、実はむしろ当たり前のことである。というのも、逆に、何か特定の仕事や使命が最初からわれわれに割り当てられていると考えることのほうが、どちらかと言うと異常だからである。もしもそうだとすると、選択の可能性や変更の余地はどこにも残されていないことになってしまうだろう。それこそがむしろニヒリズムを招き寄せる。

かくしてアガンベンは以下のような結論を導き出すことになる。人間に固有の仕事と呼べるようなものは本来ないのだとすれば、「人間には人間の本質を定義できるような「現勢力(エネルゲイア)」もないということになる。つまり人間は、いかなる同一性や働きによっても尽くされることのない純粋な潜勢力の存在である」(PP: 367［四四六］)。

要するに、アガンベンによれば、働き（エルゴン）が現勢力（エネルゲイア）に、働きのないこと（アルゴス）が潜勢力（デュナミス）に対応している、ということである。それは都合のいい我田引水の拡大解釈ではないか、アリストテレスの専門家からそういう批判がくるだろうことも、もとより承知のうえである。アガンベンにとって問題なのは、ここでも、スタゲイロスの哲学者のテクストを忠実に解釈することではなくて、それをいわば自由に使用して、そこから「発展可能性」を引き出してくることなのである。あるいは、人口に膾炙した言い方をあえて用いるなら、それは創造的誤読でもある。

潜勢力との関係において無為を捉えなおすこと、そこにこそアガンベンの思想の独自性——根源的という本来の意味での——があるのだ。言い換えるなら、無為は、われわれが第1章で検討してきたような、潜勢力の第二のあり方——「しないことができる」という非の潜勢力——と密接に結びついている、ということである。

この点に関連して、『ホモ・サケル』では以下のように述べられる。「無為を了解する唯一の一貫したやり方は、これを、潜勢力から現勢力への移行というかたち（個人的な活動や、数々の個人的活動の総体として了解される集団的活動のような）では汲み尽くされてしまうことがない、潜勢力の類的な実存様態のひとつとして思考することだろう」(HS: 71［九四］)。それゆえ、アガンベンにとって無為とは、「たんなる仕事=作品の不在のことではないし、（バタイユにおけるような）否定性の使い道のない主権的な形式のことでもありえない」ことになる（HS: 71［九四］）。

さらに『目的なき手段』においても、畳みかけるように、「政治とは、人間の本質的な無為に対応するもの」であることが主張される。なぜなら人間は、どんな固有の仕事や使命や同一性によっても汲み尽くすことのできない、「純粋な潜勢力の存在」だからである。政治はまさにそれに対応するものでなければならない（MSF: 109［一四五—一四六］）。

だが、もちろん誤解してはいけない。アガンベンは、具体的な政策や立案をすべて無効にしてしまえ、と言っているわけではないのだ。現勢力へと移行しないほうが、実行されないほうが人間の「幸福」へとつながるような政治は、たしかに存在するにちがいない。たとえば、生政治の装置や人類学機械によって、「生‐の‐形式」を線引きして分断してしまうようなことは、たとえそれが医学や科学技術の発展の名のもとにおこなわれるとしても、やはりどこかで歯止めがかけられねばならないだろう。いまや宗教と化した資本主義下の高度医療（APS: 69-75［一一七—一二七］）、核開発や原子力発電等がしかり、テロリズムとの戦いというお題目もまたそうである。

3

とするなら、西洋において統治の装置はいかにして組み立てられ、これまでいかに機能してきたのか、そのメカニズムを解明することは重要なテーマとなるだろう。まさしくその問題に丸ごと捧げられているのが、「ホモ・サケル」計画の一部となる『王国と栄光』である。

これまでアガンベンは、主権権力や剝き出しの生、近代のノモスとしての強制収容所といった生政治的なテーマ群を、系譜学というフーコーの方法論とキリスト教神学の世俗化というシュミットのテーゼを導きの糸として縦横に論じてきたのだが、『王国と栄光』において新たにテーマに据えられるのは、権力が担ってきた「オイコノミア」の形態、すなわち人間の統治の形態である。

古今の膨大な文献に裏打ちされたその議論を要約するのは、かなり無謀な試みとなることが予想されるのだが、それを覚悟のうえで、あえて大筋を追ってみることにしよう。というのも、統治性の系譜をたどるこの大論文が最終的にたどり着く結論は、逆説的にも「無為」だからであり、その意味で、避けて通れない著作だからである。

アガンベンによれば、この「オイコノミア」という統治装置の導入とともに、キリスト教神学に由来する政治的パラダイムが二つに分岐する。ひとつは、主権の超越性を唯一の神に基礎づける政治神学であり、もうひとつは、神聖なる生の分節と管理としてのオイコノミア、つまり経済神学である。前者からは、主権の近代的理論と政治哲学が、後者からは、生政治と経済、さらには現代におけるそれらの優位が帰結する。

しかも、一者たる神のこの分裂こそが、超越性と内在性、（神の）王国と（人間の）支配、存在と実践、オルディナティオ（秩序）とエクセクティオ（実行）、立法権と行政権などといった、西洋の哲学的で政治的な二分法の起源にほかならない。西洋における政治システムの根幹には、こうした両極の分離と交差があることを、アガンベンは新旧の文献を広く渉猟しつつ導き出してくる（第一章）。かくして、本書の前半では主に「オイコノミア」の神学的内包が、後半ではその世俗化が論じられることになる。もう少しその議論につき合ってみよう。

オイコノミアの概念そのものは、周知のようにアリストテレスにさかのぼるが、古代においてそれは、家族や奴隷たちからなる家（オイコス）の管理を指すものとして、ポリスの政治からははっきりと区別されていた。ところが、二世紀から五世紀頃のあいだに、初期キリスト教の教会教父らの言説を通して、この概念は三位一体の教義としてキリスト教に接木されることになる。そしてこれこそが、西洋の政治思想において決定的な契機となった、とアガンベンは考えるのである。

すなわち、神はその本性と本質において一者であることに変わりはないが、その「オイコノミア」において、つまり神の家（オイコス）の統治運営においては息子（受肉したロゴス）を有している、というわけである。それは、父なる神と子キリスト、創造主としての神と救世主としての神という、キリスト教に特有の区別であり、本来は一神教であるにもかかわらず、一見して多神教とも受け取れるような分節化である（第二章）。

「オイコノミア」の装置によって作り出されたこの分離こそ、神（王）と造形主、超越性と内在性、無為な神と活発な神、王国と支配、永遠の君主と現世の支配などといった二分法の根源にあるものである。さらにそこには、世界から超越した絶対的始原としての無為の神と、世界に介入してきてそれを支配する神とを区別した、グノーシス主義の遺産が合流している、とアガンベンは考える（第四章）。

4

さて、もしそうだとするなら、存在論と実践論とのあいだのこれら二重の分節は、いかにして「経済的」に調整されるのだろうか。ここで登場するのが、神の「摂理」や「恩寵」、さらには神の「代理人」という概念である。フーコーは、近代の統治の起源のひとつを、キリスト教の「司牧」のうちに見いだしたが、アガンベンはこの着想をさらに深化させる。「摂理（プロノイア）」のかたちをとらないとすれば、「オイコノミア」はその根拠をまったく欠くことになるだろう。「摂理」という装置のゆえに、超越性は、（グノーシスにおいてそうであったような）それ自体単独で世界から切り離されて存在することはありえず、つねに内在性との関係に置かれるのである。

　こうした経済神学的な二重化の装置は、立法権と行政権というかたちで近代の民主主義にも受け継がれている。さらに、こうした二重化によって、キリスト教による世界支配は、世界の外側にとどまりつつ、同時に世界をその内部から支配しようとするパラドクスを、必然的にはらむことになる。その成れの果てが、アメリカ合衆国による世界支配の戦略である、とアガンベンは喝破する。つまり、ローカルとグローバルの二つのスケールで世界支配を実現しようとしてきたこの国は、まったく部外者でありながらも、軍事的占領などによって一国一国をその支配下に置こうともくろむのである（第五章）。

　つづいてアガンベンは、超越性と内在性のあいだを、あるいはあの世とこの世のあいだを行き来している神の御遣い、天使の存在に注目する。そして、偽ディオニュシオスの名高い議論とともに確立してくる天使のヒエラルキーが、教会組織のヒエラルキーへ、さらには地上の官僚制へと世俗化していく過程を丹念に追跡する。階段状に居並ぶ天使の介在こそが、天上の反映として、地上のあらゆるヒエラルキーを正当化し神聖化する装置として機能するのである。天使学とはまた、それゆえ権力の理論のことでもあるのだ。このように天使は、神秘的な存在（ミステリウム）であると同時に、奉職（ミニステリウム）の任務を帯びた存在でもあって、神を称える賛美歌とも密接に結びついている。天使たちといっしょになって、人間は神の栄光を称えてきたのである。栄光は権力のたんなる装飾にすぎないのではない。栄光こそ、神学と政治学とが一致する点にほかならない(第六章)。

とするなら、教会典礼もまた政治的儀式のうちにその痕跡をとどめているにちがいない。こうして、本書を締めくくる最後の二つの章(第七、八章)は、権力がなぜ栄光を必要としてきたのかという、栄光の政治的・経済的考古学に捧げられることになる。やや長い前置きになってしまったかもしれないが、これまで随所でその影がちらついていた無為が正式に登場してくるのもここにおいてである。

5

栄光もまた両義性とパラドクスをはらんでいる。いかなる意味においてか。一方で、栄光はもっぱら永遠の神に属していて、神と同一視されるものであり、その点では神聖なる実在である。しかし、他方で栄光は、人間が神を称えるということでもあって、その場合には人間の実践と重なり合う。ここにもまた、オイコノミアによる二重化が生じているのである。

しかも、経済神学において古くからおなじみのテーマに、栄光と無為とをつなぐ特別の関係がある。最後の審判よりあと、あらゆる人間の活動や仕事は姿を消すことになるが、逆説的にも、この無為のうちにこそ神の栄光は存するのである。つまり、オイコノミアの機械がその仕事を終えて停止され、天使たちのヒエラルキーと任務が完全にその働きを止めるときにこそ、真の栄光は到来するのである。

　言い換えるなら、栄光とは、最後の審判のあとに開かれる無為の場のことにほかならない。無為と栄光とのこの特異な関係は、ユダヤ教においてすでに、安息日として予見されていたものだが、パウロ以後、そこに天の王国や終末論の思想が合流してくる。至高の栄光とは、永遠の安息日のことなのだ。

　西洋の政治において、これはいったい何を含意しているのか。キリスト教神学によれば、至高の権力の出発点と到達点にあるのは、活動と支配のかたちではなくて、無為のかたちだということである。栄光とはそれゆえ、神学においても政治においても、権力の無為という空の場のうちにこそ存する。権力の中心にあるのは空虚なのだ。このことは、初期キリスト教やビザンティンの教会堂を飾ってきたモザイク装飾によく見られる、「空(から)の玉座」あるいは「玉座の準備(ヘトイマシア)」と呼ばれる図像によっても象徴化されている、とアガンベンは解釈する。西洋の政治の実体は無為にこそあるのであり、この無為があらゆる権力の栄光の糧となってきた、とまで言い切られる。

　さて、ここまで手繰り寄せられた経済神学の観点において、今日もっとも焦眉の問題となるのは、アガンベンによれば、政治的なるものがみずからの装置のうちにこの無為を奪還することである。それはまた、「メシア的な働き」（RG: 272〔四六六〕）とも呼び換えられているが、この問題については、アガンベンにおけるメシアを検討する第7章で論じることにしよう。

『王国と栄光』の最後を締めくくるのは、無為と栄光との関係性をめぐるスピノザの議論である。おそらくそれは、意図的な戦略であって、スピノザ学者としてのネグリとの差異を暗に示そうとしているように思われる。『エチカ』第五部の定理三六で、オランダの哲学者は述べる。「休息（アクイスケンティア）は栄光（グロリア）と異ならない」。さらに第四部定理五二によれば、「休息は、人間が自分自身および自己の活動能力を観想することから生じる歓喜である」。

自己の活動能力、つまり潜勢力を観想することに存する無為とは、いったい何を意味するのか。あらゆる特定の現実態（エネルゲイア）を無為なものにする、潜勢力の観想を通してのみ、われわれは「自己」に「固有」な経験のようなものを可能にすることができる。「自体」とか「主体性」と呼ばれてきたものは、実は、あらゆる活動の中心にある無為へと開かれたもののことなのである（RG: 273-274〔四六八―四七〇〕）。

6

さて、政治のうちに本来の意味での無為を奪還すること、このテーゼはもちろんまた、法についても当てはまるものである。法を破毀するのでも無効にするのでもなく、働かなくすること、無為なものにすること、それは、『王国と栄光』の四年前に上梓された『例外状態』において正面から取り組まれたテーマであった。

とはいえ、布石はすでに『ホモ・サケル』において打たれていた。そこで扱われるのは、カフカの名高い短篇「法の前」(「掟の門」と訳されることもある)をめぐる解釈である。よく知られているようにこの短篇は、開いたままの法の門の前で、そこに入ることもできずにずっと立ちすくみ、ついには死を迎える田舎の男の話である。そこには門番がいてじっと見張っているのだが、男がなかに入るのを拒んでいるというわけではない。「そんなに入りたいのなら、おれにかまわず入るがいい」と言ったりもする。瀕死の男を目の前にして最後に門番はこう言い放つ。「ほかの誰ひとり、ここには入れない。この門は、おまえひとりのためのものだった。さあ、もうおれは行く。ここを閉めるぞ」。

アガンベンはこの短篇を、主権的締め出しの構造として、すなわち「ホモ・サケル」のような存在を象徴している男の話として解釈する。つまり、「開かれた門は農夫だけに向けられたものだが、この門は排除することで包摂し、包摂することで排除する。これこそがあらゆる法の最高の頂点であり、第一の根源である」、というわけだ（HS: 57-58［七六］）。

ところで、もしそうだとすれば、例外状態に置かれて文字どおり閾＝敷居に立たされたこの男には、アポリアからエウポリアへと転じる可能性が秘められているはずである。事実、アガンベンは、ベンヤミンとゲルショム・ショーレムの論争などを参照しつつ、この男にメシア的な形象を読み取っているのである。すなわち、（死と引き換えにせよ）最終的にこの男は、真の目標に、つまり「法の門を永久に閉めさせることに成功する」、というのである。それはまた、「法の完成と法の全面的な消尽」にほかならない（HS: 65［八五］）。

7

この解釈をさらに推しすすめて徹底させたもの、それが、「ホモ・サケル」計画の一部として構想された『例外状態』である、と読むことができる。ここではっきりと打ち出されるのは、法の完成とは何かをめぐるテーゼなのである。すなわち、もはや法を働かない状態——つまり無為——にすることこそが、法の完成にほかならない、というのである。「正義に向かっての突破口を開くのは、法の抹消ではなく、それを不活性化し、無活動の状態に置くことなのだ——すなわち、法のもうひとつの使い方なのである」（SE: 82-83［一二八］）。もちろんそれは、無法状態やアナーキズムとはおのずと異なるものである。

しかもアガンベンによれば、「法の前」にかぎらず、『審判』や『城』などカフカの作品の登場人物たちは、「例外状態における法のこの幽霊的な形象と関係を取り結んでおり、各人がそれぞれの戦略にしたがって、それを「勉学」し、不活性にし、それでもって「戯れ」ようとしている」（SE: 83［一二八］）という。つまり、法の「自由な使用」にして「共通の使用」である。ここでわれわれは、アガンベンにおいて、「無為」、「瀆聖」、「純粋な手段」、「遊戯」、「共通の使用」といった用語が、各々の差異をともないつつも、きわめて近い意味で使われていることに気づくであろう。いずれもまた、メシアや共同体のテーマとも深くかかわってくるのだが、その問題については関連の章で扱うことにしよう。

ところで、忘れてならないのは、アガンベンの議論が、例外状態をめぐるシュミットとベンヤミンの論争を踏まえているという点である。シュミット理論にとって例外状態という決定的な概念は、ベンヤミンの「神的暴力」（あるいは「純粋暴力」）にたいする戦略的な応答であった、アガンベンはそう考えているのである（SE: 70-71［一〇九］）。いかなる意味においてか。

「神的暴力」とは、すでによく知られているように、法を措定する暴力と法を維持する暴力との弁証法的な結託を粉砕する、つまり法を働かせなくする可能性にたいして、ベンヤミンが「暴力批判論」のなかで与えた名前であった。だが、シュミットにとって、絶対的に法の外部にある暴力など存在しえない。なぜなら、たとえ純粋にして神的な暴力であるとしても、包摂的排除という操作を通じて、例外状態として法のもとに置くことができると考えられるからである。つまりシュミットは、ベンヤミンの概念を「いかなる犠牲を払ってでも法との関連で内に保って」おこうとしたのだ（SE: 77［一一九］）。

もちろんアガンベンはベンヤミンの側に立つのだが、ただし「神的暴力」という表現は避けられ、周到にも、同じくベンヤミンがカフカ論のなかで展開する別の言い回しによって置き換えられている。すなわち、「もはや実地には用いられず、もっぱら勉学されるだけの法という謎めいたイメージ」、という表現がそれである（SE: 81-82［一二六］）。さらにそれは「勉学的遊戯」とも呼ばれる。

では、なぜイタリアの後輩は、敬愛するドイツの先輩の用語を別に言い換えたのだろうか。その理由はおそらく、「神的暴力」もしくは「純粋暴力」という言葉が醸し出す、ある種の危険な響きを払拭するためであったろう、と考えられる。あるいはことによると、フランスの先輩、デリダの『法の力』のことが念頭にあったのかもしれない。そのなかでデリダは、ベンヤミンに一定の評価を与えつつも、「神的暴力」という概念に潜む不気味な危険性に警鐘を鳴らしていたのである。フランスの脱構築主義者によれば、神的暴力という表現は、いかにそれが無血のものであるとしても、その破壊性と絶対性において、ホロコーストを連想させずにはおかないものなのだ（デリダ 一九九九）。

これに関連してアガンベンは、『ホモ・サケル』では、「デリダの綿密な読み」と評価しながらも「奇妙な曲解」と批判していた（HS: 73［九六］）。ところが、『例外状態』になるとデリダへの言及は姿を消している。アガンベンがデリダの仕事に敬意を払いつつ、つねに一定の距離を置いて斜めに見てきたという経緯を考慮するなら、この変化は微妙だが無視しえないものである。フランスの先輩にここで一歩譲っていると考えられるが、興味深いことに、そのことは表立って口にはされないままなのである。

「いつの日か、人類は法でもって戯れるときがくるだろう」。そのとき、例外状態のアポリアはエウポリアへと転倒するかもしれない。だが、いかにして「法と戯れる」というのだろうか。これを具体的にイメージすることもまた容易ではない。

とはいえ、あらゆることを法で裁き決定しようとする社会が、いかに殺伐とした、そして暴力的なものでさえあるかは、われわれにも容易に想像がつく。嘆かわしいことにも、たとえどんなに些細なことでも何かもめごとがあればすぐに裁判に訴えようとする状況は、日常生活のあらゆる場面で出現しつつある（すでにそれが飽和状態に達しているような社会もある）。しかも、さらに危惧されるのは、たとえば犯罪被害者やその遺族の権利を守るという名目のもと、法による仕返しが（いささか感情的に）正当化されようとしていることである。メディアによる司法のスペクタクル化がその趨勢をいっそう煽り立てている。だからこそ、「法を無為にしておくこと、法と戯れること」というアガンベンの身振り宣言には、耳を傾ける意義が十分あるように思われるのである。

6　共同体　comunità

1

一般にわれわれが共同体と言うとき、たいてい前提となっているのは、その構成員のあいだに何らかの共通性や同一性が認められるということである。そこから帰属意識や仲間意識も生まれてくる。いわば、似た者や同じ者同士の共同体である。どこかに属している、誰かと何かを共有しているということがないかぎり、たしかに生きていくのは困難であろう。

ところが、この仲間意識や帰属意識は、実のところくせものでもある。なぜなら、自己中心的な排他性へとたやすく転倒してしまいかねないものだからである。世界の歴史や現状が何よりもそのことをよく物語っている。とりわけ、民族の同一性・固有性といった神話や宗教的な原理主義などは、共同体がそのうちにはらむ暴力に一気に火をつけるという危険性を宿している。

共同体主義の対極にくるのが個人主義である、としばしば考えられている。だが、話はそれほど単純ではない。なぜなら、自分たちの同一性や所有権（領土、民族、言語、文化、宗教など）に固執するような共同体は、本質的に自己同一的で自己中心的な個人と同じもの、あるいはその延長線上にあるものにほかならないからである。単数と複数の違いだけで、どちらも同じ一人称であることに変わりはないのだ。二人称の存在、ましてや三人称の存在のことなど、二の次、三の次といったところなのである。

共同体につきまとうこうしたアポリアを超えて、あるいはその何歩か手前で、新たに共同体ないし共同性なるものを思考することは可能であろうか。とりわけ一九八〇年代以降、西洋の現代思想はこの問題にさまざまなかたちでアプローチすることになる。

何であれ帰属意識や所有権の発想に立つかぎり、遅かれ早かれ、大なり小なり衝突が生まれることは避けられない。とするなら、どのような発想の転換が求められているのであろうか。もちろん、葛藤や衝突そのものが悪だというわけではない。いちばん悪いのは、葛藤に蓋をして隠蔽してしまうような社会なのだが、個人であれ集団であれ、頑なな自己主張や自己執着はいただけない。

領土や言語、文化や宗教よりも前に、そもそもわれわれは何を共に分かち合っているのであろうか。共同体をもたない、という逆説であろうか（バタイユ、リンギス）。「死」、しかも自分の死というよりも他者の死であろうか（ブランショ、ナンシー）。傷つきやすさであろうか（バトラー）。無能さであろうか（田崎）。それとも、共同体の語源ラテン語の「コムニタス（communitas）」にさかのぼって、他者への負担（ムヌス）（munus）であろうか（エスポジト）。

このように、「XなきX」というかたちで無限に遡及していく共同体論の思考に、かつて不信感を表明したのは、『友愛のポリティックス』のデリダであった。その批判にも一理あるのはもちろんだが、いずれにしても共同体の思想が、その暴力を回避しようとするなら、否定性や欠如を無視することはできないというのもまた、偽らざる事実であるように思われる。

2

では、アガンベンはどうだろうか。われわれの哲学者もまた、短いが濃厚な一冊の本を「共同体」のテーマに捧げている。一九九〇年に上梓された『到来する共同体』がそれである。さらにこの本は、二〇〇一年に新たに「傍注」をくわえて再版されている。まずは、この共同体論をわれわれの出発点としよう。

のっけから読者を驚かせるのは、「何であれ（クアルンクエ）」という奇妙なタイトルの章から、前置きもなくいきなり唐突にはじまることである（CHV: 3-4）。開口一番、「到来する存在は、何であれの存在である」、と。この「何であれ」は、ラテン語の「クオドリベト（quodlibet）」に由来する。この一文をくだいて言うと、何でも誰でもかまわない、それが来るべき人間のあり方だ、ということになる。まるで禅問答を聞くようだが、いったいどういう意味なのであろうか。つづけて読んでみよう。

「超越論者たちのスコラ学的枚挙法によれば、何であれ存在者は一にして、真にして、善あるいは完全である（quodlibet ens set unum, verum, bonum seu perfectum）」。それゆえ、「何であれ」とは、「何であるかは重要でない」ということではない。それどころか、「いずれにせよ重要である」。なぜなら、そこにはすでに「（非人称）気に入る（libet）」への参照が含まれているのだから。類似のイタリア語にまた、「どんな〜でも」という意味の「クアルシヴォリア（qualsivoglia）」があるが、たしかにここにも「望み」という意味の「ヴォリア（voglia）」が含まれている。

つまり、「誰であれ」人は、「望まれるもの」であり「愛されるもの」である。「何であれ」、「誰であれ」、無関心で無関係な何ものかということではけっしてないのだ。しかも「愛は、その対象のもつしかじかの属性に向けられるわけではない」。「あるがままを、そのあらゆる賓辞とともに欲する」のである。これは、経験から誰もが納得できることだろう。

この「何であれ」のだれかれはまた、「あるがままの存在（essere tale qual è）」とも、あるいは「特異性＝単一性（singolarità）」とも言い換えられる。「特異性」というと通常われわれは、抜きん出た個性や独創性といったものを思い浮かべるかもしれないが、そうではなくて、人はそれぞれ「あるがままの存在」として、単一にして特異なのである。この点は、誤解を招かないためにも強調しておくのがいいだろう。それゆえ、この「特異性」は、個別と普遍、特殊と一般という二項対立を超えるものでもある。共同体はこれまでたいてい、部分と全体、個別と普遍のヘーゲル的な弁証法によって思考されてきたのだが、アガンベンはこれを断固として退けるのだ。

この議論はまた、中世スコラ哲学における普遍論争を読者に連想させずにはおかないが、用意周到にも「個体化の原理（Principium individuationis）」なる章が少し先にちゃんと設定されているのである。ここでアガンベンは、哲学史上名高いドゥンス・スコトゥスの「このもの性（haecceitas）」に言及し、それが、質料のなかに「個体化の原理」を見ていたトマス・アクィナスにたいして、形相そのものとして、究極の実在性として規定されている点を評価する。だが、それは「だれかれ」とは根本的に異なるものである。というのも、「スコトゥスの限界は、彼があくまでも共通本性を、先行する実在と考えていたように思われる」点にある。これにたいして、「だれかれ性は、共通本性への依存を表わす賓辞ではない」（CCC: 19-20）。もしも何か共通本性のようなものが前提されるなら、おのずと共同性は、個別を超えて共通本性なるものの実現を目指すことになるだろうが、そうした二元論と目的論こそ、アガンベンが克服しようとするものにほかならないのだ。

しかも、ここまでの議論を踏まえるなら、だれかれの「特異性」は「潜勢力」と言い換えることもできるように、わたしには思われる。「何であれ」人は「あるがままの存在」として、現勢力ではなくて潜勢力を共有しているのである。そしてそこにこそ、デリダが槍玉に挙げる「XなきX」という思考とは異なる、アガンベンの積極性がある。

3

さて、まるで軽快にして巧妙な言葉遊び——文字どおりの jocus（ジョーク）——を楽しむかのような身振りをとることで、われわれの哲学者はいったい何を謂わんとしているのであろうか。

「あるがままの存在」とはまずもって、民族や国家、職業や地位などへの帰属を超えたところ（あるいはその手前）にある、個々の特異性にして単一性のことである。では、このあるがままの「だれかれ」にとって、政治はいかにして思考されうるのか。アガンベンの狙い目はそこにある。それゆえその政治が、もはや帰属の条件によって媒介されるわけではないことは、もちろん言うまでもないだろう。

しかし、だからと言って逆に、その否定や不在によって媒介されるわけでもない。つまり、少数者や被抑圧者たちのアイデンティティの復権というかたちをとるわけでもない。なぜなら、たとえばLGBTの場合であれ黒人の場合であれ、いずれにしても共有されるアイデンティティが大前提となっており、そのかぎりにおいて包摂と排除のメカニズムが働くことは必須だからである。そうしたマイノリティの政治学から、アガンベンは周到に距離をとろうとする。

真に問題となるのは、だれかれの「あるがまま」の「特異性=単一性」以外にはいかなるものも共有しない者の政治学である。その意味では、マイノリティとマジョリティという線引きそのものが、主権的な締め出しの構造を免れてはいない（少数派でなくはない、多数派でなくはない、という残余が生じるのは必定である）。何であれ、誰であれ、「あるがままの存在」は「愛されるもの」なのだ。

この「特異性」なるものはまた、『ホモ・サケル』の結末部において、単数形で「生-の-形式」と呼ばれているものとも対応する、と考えられる。本来は区別できないものであるはずの「生-の-形式」を、西洋の主権権力は、その人類学機械や生政治装置を作動させることによって、さまざまな線引きで分離・分割しようと試みてきた。フーコーはその直接の起源を十八世紀に見ていたのだが、アガンベンによれば、「生-の-形式」を区別して生政治的な身体を生産することは、主権権力に本来そなわる機能である。われわれがアイデンティティとか固有性とかと称してありがたがっているものも、実のところ、たいていはこれらの機械が産み落としていった遺物にほかならないのだ。

4

とするならば、「そもそも分離なき社会なるものは可能なのだろうか」(P: 100 [一二七])。そして、だれかれの「特異性」から出発する政治とは、いったいどのようなものなのだろうか。いかなる帰属条件にも媒介されない共同体なるものを思考すること、まして実現させることは、どうすれば可能になるのだろうか。

それが、いわゆる政治家による政治でないことは明らかである。なぜなら、そこではすでに一定のアイデンティティが前提されているからである。われわれはまずもって、いずれかの特定の政体や共同体に属しているという現実や意識を括弧にくくる必要がある。あらかじめ想定されるのではない共同体、ある前提に裏づけられるのではない共同体、いかに否定形に媒介されるとしても、それこそが思考されなければならない。

そのうえでアガンベンが具体的にわれわれに想起させるのは、一九八九年六月のあの天安門事件の光景である。「何であれ」という章で幕を開けた共同体論は、「天安門」と題された章で締めくくられることになる（CHV: 58-60）。

著者はまず、次のような問いを立てる。「だれかれの特異性の政治とは、どのようなものでありうるだろうか。すなわち、その共同体がいかなる帰属の条件（左翼、イタリア人、共産主義者）によっても、またたんなる条件の不在（最近ブランショによって提起されたような否定的共同体）によっても媒介されることなく、帰属それ自体によって媒介されるような存在の政治とは、どのようなものでありうるだろうか」、と。

この問いに「ひとつの答えを与えうる何らかの要素をもたらしてくれるのは、北京から届いたばかりのニュースである」。『到来する共同体』は一九九〇年に上梓されているから、著者はまさに、検閲厳しい中国からの断片的なニュースを受けて、すぐにそれを脱稿したことになる。

ここでブランショの名前が出てくるのは、意味深長である。というのも、何を否定すべきかを心得てはいるものの、では何がその代わりとなるのかを打ち出してはいないとして、アガンベンはブランショに不満を漏らしているわけだが、それにもかかわらず、「天安門」を語るその口調は、『明かしえぬ共同体』において「五月革命」を回想するフランスの作家のそれを読者に連想させずにはおかないからである。

ブランショが一九六八年の運動の特徴を、「企てなしに（sans projet）」というモットーで表現したことはよく知られている。つまり、逆説的にも「五月革命」は、さしたる目標を掲げていたわけでもなく、古い世界の転覆を狙っていたわけでもないという点にこそ、その特徴があり意義があったというのである（ブランショ 一九八四）。

まるでこれに呼応するかのように、アガンベンもまた、「天安門」の意義を、（賛否両論分かれるところかもしれないが）いかなる特別の具体的な要求もなかったという点に見ているのである。自由や民主主義というスローガンはあまりに一般的で漠然としている、というのだ。にもかかわらず国家は暴力的な弾圧に出た。なぜだろうか。

アガンベンはこう考える。「アイデンティティを要求することなく特異なる者たちが共同体をなすこと、帰属（たとえたんなる前提のかたちにせよ）を表象しうるような条件なく人が共に帰属すること、まさしくそれこそが、国家がいかにしても容認できないことなのである」。主権権力はたえずさまざまな線引きをおこなってきた。それゆえ、この線引きを拒み逃れようとする「クオドリベト」は、主権権力にとって許容しがたい存在となるのだ。

アガンベンによれば、「だれかれの特異性」は、「言語活動のうちにある自体的な存在」という点においてのみ結びついているのであり、その他の「あらゆる帰属の同一性と条件を拒否する」。真に共有されるのは現勢力ではなくて潜勢力である。が、それゆえにこそ「国家の強力な敵となるのである」。ここにもまた、五月革命の意義を、「言葉の自由」と「功利的関心の埒外で共にあることの可能性」のうちに見いだしていたブランショの影が、うっすらと読み取れるように思われる。

5

ところが、アガンベンの共同体論を締めくくる次の一文はどこかペシミスティックな調子を帯びている。いわく、「このような複数の特異性が、共にあるという彼らの存在を平和裏に表明しようとすると、天安門の場合がそうであるように、どこでも遅かれ早かれ戦車が登場してくることになる」、と。

この結論にわれわれは少なからず戸惑いを覚えないではいられない。われわれの哲学者によれば、「天安門」はいわば、無為の抵抗と政治的潜勢力という点で、到来する共同体にとってパラダイム的な事例であるとみなされる。だが、結局のところ「遅かれ早かれ戦車が登場してくる」のだとすれば、国家による介入を刺激するだけだとするなら（われわれはつい最近も北アフリカで同じような光景に出会った）、共同体はいつまでたっても到来しないままなのではなかろうか。「天安門」と同じ年の十一月、ベルリンの壁の崩壊では、戦車の登場は免れたものの、別の形態の主権政治へと組み込まれていったのではなかったか。

そもそも、締め出しや主権の彼方で政治を思考するということそれ自体が、政治の彼岸に向からということを意味しているのではないか。アガンベンがしばしば口にするセリフ、誰の所有になるのでもない「自由な使用」へと返還された世界なるものは、これまでにもユートピア的思想の伝統のなかでしばしば口にされてきたものではないのか。ラクラウがいみじくも批判するように、アガンベンの唱える政治なるものは、解放の可能性という西洋近代の政治的遺産をすべてシャットアウトしてしまうのではないか（Laclau 2007）。

こうした批判や疑問に答えるのは、たしかに容易なことではない。だが、アガンベンは、ラクラウが誤解しているような「完全に和解した社会の神話」に振り回されているわけではない。また、「本質主義的な統一」や「政治的ニヒリズム」を標榜しているのでもない。アガンベンによればむしろ、政治的なものを政治の内側からのみ思考しようとすることこそが、「ニヒリズムの内部にとどまる」（HS: 69［九一］）ことにほかならない。なぜなら、政治（および法）の内部にとどまったままでは、主権的締め出し（遺棄）の経験を極限まで推しすすめることにならないからである。

主権による線引きや締め出しから解放された社会などいまだかつて存在したためしはないし、これからも存在しえない、これはシュミット流の政治的ニヒリズムであるが、アガンベンはこれもまた退ける。だとするなら、本当に到来するのだろうか、実体や同一性に縛られない、包摂も排除もない共同体は。アガンベンの哲学と政治の思考が、そして、これまでわれわれが検討してきたようなさまざまな概念の練り上げが、すべてそこへと収斂している「共同体」なるものは。

共同体はこの哲学者にとって、予言でもなければ福音でもない、どちらかと言うとメシア的なものである。メシア的な「ほんのわずかなずらし」、「弱い力」は、どんな気高い政治的綱領よりも強い力を秘めている。それはいわばミクロの政治学と呼びうるものである。

誤解されるかもしれないことを覚悟のうえであえて例を挙げるなら、たとえば先の未曾有の大震災のあと、苦しい避難生活を余儀なくされた人びとのあいだに、一瞬一瞬到来していたのは、まさしく帰属や所有に縛られることのない「だれかれ」の「特異性」からなる共同体にして共同性だったのではないだろうか。もちろん、それは歓迎すべき状況下でもたらされたものではないとはいえ、だからこそ、「愛されるもの」たる「だれかれ」が尊重される。そこでは、たとえば自閉症の少年の弾くピアノが、ほとんどメシアのような麗しい音色を奏で、まさしくいまこのときに人びとを救済する。「危機のあるところ、救いとなるものもまた育つ」とは、ハイデガーが引き、アガンベンも敬愛する詩人ヘルダーリンの箴言である。「到来する」とは、歴史的弁証法の結果として、ユートピアとして、輝かしい未来社会として到来するもののことでは断じてないのだ。

6

「到来する共同体」はまた、アガンベンがよく口にする言い方を用いるなら、「到来する政治」や「到来する哲学」と不可分のものである。「到来する政治」は以下のように定義される。「到来する政治の新たなる事実とは、以下のようなものである。すなわち、その政治はもはや、国家の征服や管理のための闘争ではなくて、国家と非‐国家（人類）のあいだの闘争になるだろうということである。だれかれの複数の特異性と国家の組織化とは、埋めることのできないまま分離されている」（CHV: 58）。

一般的には、線引きによって共同体が作られ、法が立てられ、安定が得られるとみなされる。それはカオスへの砦となるかもしれないが、しかし、部分的で一時的なものでしかない。しかも線引きは、そこから外れていく残余を必然的に産み落としていく。あらゆる線引きはつねにすでに失敗する運命にある。線引きがたえずおこなわれている現実の「すぐそば」――「外」の本来の意味――で、線引きの不可能性を自覚しつつそれに抵抗すること。

だが、そうした意味での共同体は、実のところ到来するかもしれないし、しないかもしれない。現実化のロジックに抗うだけでは、潜勢力を観想するだけでは、共同体は到来しないかもしれない。可能性は不可能性と不可分なのであり、そこにこそ潜勢力の本当の意味がある。これは、都合のいい言い逃れのように聞こえるかもしれないが、アガンベンが思考するのは、しかじかのかたちで具体的に実現される共同体のあり方というよりも、共同体あるいは共同性それ自体である。つまり、共同性とは目的なき手段の圏域に属するものであり、その意味において「生‐の‐形式」でもある。アガンベンがいたるところで目的よりも手段――純粋な手段性――に重きを置くとするなら、それは、カント以来の目的論的世界観や当為の存在論の優位に一定の歯止めをかけようとするからにほかならない（この点については第10章も参照）。そしてそれはまた、彼がブランショやナンシーと共有する視点でもある。

一方、アガンベンにとって「到来する哲学」の課題は、「エクリチュールをその困難さへと、執筆における詩的な任務へと回復すること」にある（PP: 23［二八］）。この表現にはどこか、共同性とは異質な、孤独と孤立のなかで繰り広げられる哲学的思索と執筆といった響きがあることは否定できない。

これにたいして、われわれは本来的に共にある存在であること、一にして多なる共存在であることを強調するのは、ナンシーである。その共同体論は、この共にあるということに立脚する存在論から出発している。これと対照的にアガンベンの共同体は、あくまでも「だれかれ」の特異性から、その潜勢力の存在論から出発する。それゆえ、共同性とは相容れない部分がどこかに残るのではないか、という疑念を完全に払拭することはできない。彼お好みのキャラクターで、非の潜勢力を体現するバートルビーは、やはりあくまでも孤立した存在なのだ。

それゆえアガンベンにおいて、理念（イデア）と気分（シュティムンク）のあいだに、言説と言表のあいだに、微妙なずれがあるのではないか、そうした懸念を払い切れないでいるのは、ひとりわたしだけではないだろう。とはいえ、矛盾を抱えていない人間などどこにもいない。それがまた魅力にもなりうる。

7

本章を締めくくるにあたって、もういちど『到来する共同体』の書き出しに返ろう。「望まれるもの」にして「愛されるもの」である「だれかれ（クオドリベト）」から出発して共同体を思考するということ、この身振りはいったい何を含意しているのであろうか。

本人は明言しているわけではないが、アガンベンは、人間の暴力や罪という大前提から政治を立ち上げるホッブス（さらにシュミット）にたいして、その逆の道筋をたどろうとしているのではないだろうか。このことは、高く評価すべきことのように、わたしには思われる。

ホッブスのように「万人の万人にたいする闘争」から出発するのでも、シュミットのように

「友／敵」という分割のカテゴリーから出発するのでもなく、まったく反対に、「愛されるもの」から出発するのである。政治的なものと、それを基礎づけてきた形而上学との固いつながりを断ち切らないかぎり、到来する政治を思い描くことはできない、アガンベンはそう確信しているのではないだろうか。

この点に関して『ホモ・サケル』では、やはり最初からきっぱりとこう宣言されている。「西洋の政治の基礎をなすカテゴリーの対は友‐敵ではない」、と（HS: 11［一六］）。かくして、主権による線引きから締め出された「剝き出しの生」の形象こそが、アガンベンにとって政治の出発点となり到達点ともなる。さらに、『アウシュヴィッツの残りのもの』でこれに対応するのが「回教徒」である。

「ホモ・サケル」について、「回教徒」について、彼がしばしば無慈悲とも受け取られかねないような口調――そのことで誤解もされている――で語るとすれば、それは彼が、彼ら「愛されるもの＝だれかれ」たちをこよなく愛しているからだ、とわたしは思う。そして、その愛からこそ、そのつどそのつど共同体はいまここに到来する、おそらくは。

7　メシア　messia

1

それにしても、いまさらなぜ「メシア（messia）」なのだろうか。「瀆聖」を勧める一方で、「メシア」を論じるのは、あきらかに矛盾しているのではないか。そもそも、アガンベンは本当に救世主メシアなるものの到来を待ち望んでいるのだろうか。とすればそれはどんなメシアで、いつのことになるのだろうか。いや、彼の言うメシアとは、もはやユダヤ教的なものでもキリスト教的なものでもなく、いわばひとつのメタファーではないのか、云々。

このように、「メシア」といういかにも抹香臭い響きをもつ言葉を耳にしたとたん、読者の皆さんには次から次へと新たな疑問が湧き起こってくるにちがいない。そうした疑問にできるだけ明快かつ簡潔に答えること、それがこの章でわたしに課せられたテーマとなりそうである。

西洋の思想界では、ここのところメシアが大人気である。アガンベンだけではない。すぐに思い浮かぶだけでも、ヤーコプ・タウベス、アラン・バディウ、スラヴォイ・ジジェクといった、現代思想のそうそうたる面々がすすんで「メシア」に言及しているのである。俗に言う、苦しいときの神頼み、であろうか。おそらくはそういった側面もまんざら否定はできないだろう。

一般に、マルクス主義はメシア主義の世俗化したものとみなされてきたが、その神話はあえなくも崩壊してしまった。一方、民族の救済を願うユダヤ的なメシア主義は、自民族中心主義へと硬直化する傾向を払拭し切れないでいる。これにたいして、メシア主義を教会と個人の内なる体験へと移し換えてきたキリスト教も、何ら実効力を発揮できないばかりか、原理主義やセクト主義の温床ともなっている。

もしそうだとするなら、もういちど原点に立ち返って考えなおしてみよう、そこにこそ、現在メシアないしメシア主義があらためて議論の俎上に載ってくる最大の理由がある、と考えられる。では、その原点とはどこにあるのか。言うまでもなく、使徒パウロである。パウロとそのテクストをいまこのときにいかに読み解くか、それが、上述の論者たちに共通する大前提なのである。もちろん、アガンベンも例外ではない。

2

だが、われわれの哲学者のメシアへの入れ込みようは、ここ最近にはじまったことではない。すでに処女作『中味のない人間』で早くも登場しているのである。ベンヤミンを彷彿させる調子で、若き日のアガンベンは「歴史の連続性を断ち切る」ことを「一種のメシア的な力」と呼ぶ。さらに、「世界の審判を最後の審判という名でわれわれに呼ばせているのは、われわれの時間観念にすぎない。本当は、即決裁判なのだ」というカフカの言葉を引きつつ、「人間はつねにすでに審判の日に立ち会っている。審判の日は人間の通常の歴史的状況であり、この状況に直面することへの人間の恐れだけが、彼をしてその日がなおも来るべきものだという錯覚を抱かしめるのだ」、と力強く結んでいる（USC: 169-170［一六六—一六七］）。

このように、メシア主義が未来のある時点にではなくて、まさしく「いま」という時間にかかわるものであること、その意味で終末論や黙示録とはきっぱりと区別されなければならないことを、（カフカやベンヤミンを通じて）アガンベンはひじょうに早くから理解していたのである。「歴史の連続性を断ち切る」、その意気込みは、つづく『幼児期と歴史』に受け継がれる。いわく、革命の真の任務は、たんに「世界を変える」ということではなくて、むしろ「時間を変える」という点にこそあるのだ、と（IS: 95［一五九］）。どういうことか。アガンベンはここで、連続する直線的なクロノス——時の神にして「クロノロジー（cronologia）」の語源となったもの——としての時間にたいして、「さまざまな時間をみずからのうちに集約させる」カイロス

――文字どおりには「機会、好機」という意味――としての時間を打ち出す。伝統的にキリスト教において、クロノスとしての連続的時間の延長線上に、最後の審判が据えられ、歴史の終焉と神の王国の実現が置かれてきた。

だが、アガンベンによれば、こうした等質で不可逆的な時間の観念は、「歴史の連続を飛び越えさせる革命的な意識」によって乗り越えられなければならない。肝心なのは、「いま」という「とき」であり、それはたんなる連続のなかの通過点ではなくて、そのつど充実してある不連続の集約点としての時間なのである（IS: 108［一八〇］）。

このようなカイロスとしての時間の概念「カイロロジー（cairologia）」は、発展の歴史的弁証法を拒絶するものである。ここにおいて、歴史の最後の時に人間の罪を償い、そうすることで人間の歴史を終結させるという、メシアについての一般的な考え方は乗り越えられる。メシアは最終的な神の王国にではなくて、「いま」にかかわっているのだ。もうひとつの世界、もうひとつの時間が、この世界、いまという時間に内在している、真のメシア主義の逆説的論理がそこにある。

とはいえ、ベンヤミンにおいてすらそうであったように、近代のメシア主義がどこかでニヒリズムの影を引きずっていることは否定できない。そこでアガンベンは、「メシアと主権者」という論考で、おそらくはニーチェのひそみに倣って、二つのニヒリズム（もしくはメシア主義）

を区別しようと提案する。「不完全」／「完全」と彼が呼ぶものがそれで、ニーチェが「受動的」／「能動的」と呼んだ区別と、緩やかに対応しているように思われる。前者は、「法を無へと縮減する」が、後者は、「無の裏側に救済を見いだすことに成功する」。そして、後者こそ、例外状態が規則となった世界を生きているわれわれが「渡り合わなければならない任務」（PP: 266〔三二四〕）なのである。それはまさに、未来にではなく「いま」にかかわっているのだ。

3

このベンヤミン的な「いま - とき」を、使徒パウロのメシア的な時間に重ね合わせて読み解いているのが、「パウロ講義」というサブタイトルをもつ『残りの時』である。

メシア的時間の構造は、アガンベンによれば、「テュポス」と「アナケファライオシス」という二つの言葉によって言い表わされる。「しるし、輪郭、模範」などという意味をもつ「テュポス」は、パウロによる『コリント人への手紙一』（一〇章一一節）のなかに登場するもので、それによると、「これらのこと〔戒め〕が彼らに起こったのは、「テュポイ」のためであり、それが書かれたのは、世の終わりに臨んでいるわたしたちへの教訓とするためです」、という。

この「テュポス」という語は、ヒエロニムスによるラテン語訳において、「形姿、像、比喩」などを意味する「フィグーラ（figura）」という語に訳された。いわゆる「タイポロジー（typology）」と呼ばれる、中世における聖書の寓意的解釈——旧約を新約の予表として読むこと——は、このパウロの「テュポス」に起源をもつ。それによると、過去（旧約）の出来事は「予表」として未来（新約）の出来事を予告し、そのなかで貫徹されると解釈されるのである。

だが、ショーレムやベンヤミンを踏まえてアガンベンは、さらに一歩踏み込んだ解釈を展開する。タイポロジー的な関係とは、たんに「予表」を意味するばかりか、過去と未来との緊張関係そのものを表わし、時間の変容をも内包しているというのである。つまり、過去と未来とを縮約して、分かちがたい星座的布置へと変容させる。二つの極をギュッと引き寄せて、向かい合わせる（が、一致させるわけではない）、このような対面、収縮こそがメシア的時間なのである。

メシア的な時間とは、完結でも未完結でもなく、過去でも未来でもなく、それらの転倒である。それは、二つの時間が星座的布置に入る緊張の場であり、そこでは、過去（完結したもの）がアクチュアリティを見いだして未完結なものとなり、現在（未完結なもの）は一種の完結性を獲得する。（TCR: 74［一一二］）

ところで、われわれがここで特に注目しておきたいのは、次の点である。すなわち、過去のうちに未完結なるものとしてのアクチュアリティを見いだし、それを現代に対峙させるというスタイルこそ、まさしくアガンベン自身が、政治や芸術を論じる場面で実践してきた手法にほかならない、ということである。その手法は、現在によって過去を、過去によって現在をそれぞれ照らし出すというよりもむしろ、両者の対面のうちにまったく新しい星座を描き出すものである。メシア的時間の「テュポス」はまさしく、「時間の変容」として、「過去と未来との緊張関係」として、アガンベン自身の仕事のうちに確実に生きているのである。

4

「テュポス」と並び、しかもそれを補完するもうひとつのメシア的時間の概念は、「集約、要約、摘要」などという意味をもつ「アナケファライオシス」である。それは、たとえば『エペソ人への手紙』（一章一〇節）のなかの次のようなパウロの言葉に表現されている。「ときがついに満ちて（pleromatos ton kairon）、このときのために御心が実行に移され、天にあるものも地にあるものも、いっさいのものが、キリストにあってひとつに集められる（anakephalaiosasthai）ことになるのです」。

このように「アナケファライオシス」は、西洋の多くの思想家たち——オリゲネスからライプニッツ、キルケゴール、ニーチェ、ハイデガーまで——を捉えてきた「帰還（apokatastasis）」のテーマとも密接にかかわるものだが、ここでパウロは何を謂わんとしているのか。

まず、「ときが満ちて」、「ひとつに集められる」というメシア的な時間とは、まさしく過去が集約してくる「いま」の時のことであり、メシアとの一瞬一瞬の関係として理解されるべきものであって、最後の時、最後の結果（ヘーゲルからマルクス主義へと受け継がれた解釈）としてではない、とアガンベンは言う。「メシア的なるものとは、時間の最後のときではなく、完結の要請としての現在なのである」。メシア主義が、終末論や黙示録と混同されてはならない理由もここにある（とするなら、『残りの時』はまた、黙示録的で終末論的な調子を帯びた前著『ホモ・サケル』をある意味で償うテクストとして読まれうるかもしれない［Thurschwell 2005］）。

この「とき満ちる」「いま」とは、またベンヤミンが「いま - とき」と呼んだものでもある。それゆえ、アガンベンのうがった解釈によれば、ベンヤミンは「ある意味でパウロと自分とを同一化しようとしていたのかもしれない」ということになる（TCR: 134［一三四］）。かく言う本人は、おそらく、そのベンヤミンに自分を重ねているのかもしれない。

さらに興味深いのは、そして詩と哲学の合体をもくろむアガンベンの面目躍如とも言うべきは、パウロのテクストから導き出されるメシア的な時間の構造を、詩の構造、とりわけ初期のロマンス語詩に見られる韻律の仕組みと比較する大胆な試みである（TCR: 77-84［一二七―一四二］)。

古代の詩では偶発的にしか現われてこなかった押韻は、四世紀のキリスト教ラテン語詩において発展し、その後さらにロマンス語詩へと受け継がれて、本質的な構成要素となる。たとえば「セスティーナ」と呼ばれる六行詩節からなる詩は、各行の最後の語ないしシラブルが次のように構成され、韻を踏んでいくことになる（各行の最後の語をここでは仮にAからFの記号で示す）。

	一節	二節	三節	四節	五節	六節	七節
一行目	A	F	C	E	D	B	E
二行目	B	A	F	C	E	D	C
三行目	C	E	D	B	A	F	A
四行目	D	B	A	F	C	E	
五行目	E	D	B	A	F	C	
六行目	F	C	E	D	B	A	

この押韻の構造――いわゆる「交差逆進」――は、一見するとかなり込み入っているように

見えるが、実際には規則的な秩序にしたがうものである。つまり、前節の最後の行の最後の語ないしシラブルが、次節の最初の行の最後の語ないしシラブルとなって繰り上がり、逆に前節の最初の行は二行目へと繰り下がる。また、前節の五行目の最後の語は、次節の三行目の語へと繰り上がり、その下の四行目に前節の二行目の語が置かれる。こうして残る行についても、同様の手続きを踏むと、次節の六行の韻が完成することになる。この操作がさらに二節から三節へ、三節から四節へと六節まで繰り返され、最後の七節目（コーダ）では、前六節の最後の三行の語がそっくりと反復されて、ひとつの詩が完成するというわけである。

十字に交差するようにして進行と逆転、前進と後退とが同時に起こっている押韻のこのメカニズムに、アガンベンは、「テュポス」と「アナケファライオシス」というメシア的時間の構造を重ね合わせる。詩は朗唱されるものである以上、時間と密接なつながりをもっている。「セスティーナ」において、語＝韻を予告しつつ同時に反復し集約するこのメカニズムは、直線的な時間の流れをまさにメシア的な時間へと変貌させている、とアガンベンは考えるのである。

言い換えるならば、メシア的な時間の理念は、ロマンス語詩の押韻の構造となって受肉しているということである。「歴史的、発生論的な仮説としてではなくて、むしろ認識論的なパラダイムとして理解されるべきだが」と断ったうえで、アガンベンは、次のように結論づける。「キリスト教の詩において、押韻は、タイポロジー的関係と集約をめぐるパウロの賭けに基づいて構造化されたメシア的時間を、韻律 - 言語のコードに移し換えたものとして誕生する」、と（TCR: 82［一三七―一三八］）。

この仮説の当否を判断できる能力を、残念ながらわたしは持ち合わせてはいない。しかし、メシア的時間の構造と詩の構造とが深層において取り結ぶつながりを暴き出してみせるその手法は、詩的なものと神学的なものと政治的なものとの境界に思考の照準を合わせてきたアガンベンならではのもので、刺激的であるばかりか、十分に説得的でもあるように思われる。事実、キリスト教ラテン詩とともに押韻の原型が生まれ、神からの離別――たとえばフリードリヒ・ヘルダーリン――とともに押韻が解体したのだとすれば、両者のあいだに何らかの深い関連があったとしても不思議ではない。

さらに興味深いのは、ここで分析されているような「予告しつつ反復し集約する」押韻のメカニズムそれ自体が、アガンベンの思考のメカニズムに対応している、という点である。「セスティーナ」を分析しつつ、アガンベンは（おそらく無意識のうちで）みずからの思考のスタイルをなぞっている、わたしはそう考えていて、二〇〇二年のアガンベン論のなかでもこの点を強調しておいた（岡田 二〇〇二）。

そのテクストのそれぞれにおいて、主要モチーフが配置され、反復され、集約されつつ、次のテクストが予告される。「認識論的パラダイムとして理解する」なら、アガンベンの思考のスタイルは、タイポロジー的関係と集約に基づくメシア的時間の構造をテクストのポイエーシス（生‐産）へと「移し換えたものとして生まれた」、と言うことができるのではないだろうか。とすると、アガンベンは「思考のメシア」ということになるのかもしれない。ただしこれは、わたしの側の勝手な憶測であり、「仮説」なのだが。

5

さて、ここで話を元に戻そう。管見によると、アガンベンのメシア解釈を理解するうえで重要な鍵となるパウロの用語があと二つある。「カタルゲイン（katargein）」と「ホース・メー（hōs mē）」である。

『残りの時』によると、「カタルゲオー（katargéō）」という動詞は新約聖書に二十七回登場するが、そのうちの二十六回がパウロの手紙においてであり、それらは、メシア的なものと律法との関係を表現しているという（TCR: 91-93［一五四―一五七］）。この動詞は、近代訳では「無に帰す、破壊する」と訳されることが多いが、本来は、安息日の休息を意味する「アルゲオー（argéō）」や、「働いていない、不活性の」という意味の形容詞「アルゴス（argós）」に関連するもので、したがって「働かなくする、不活性にする、効果をとめる」という意味に解されるべきである。

つまり、「メシア的なものとは、律法の破壊ではなく、非活性化であり、遂行不可能性なのだ」（TCR: 93［一五九］）。法の成就とは、ほかでもなく法を働かなくさせる、ということにほかならない。かくしてメシア的なものは、アガンベンにおいて、第5章で検討した「無為」のテーマ、あるいは「法と戯れる」という問題とも重なってくるのである。

この点に関連して、『残りの時』の第五日目のレクチャーには、「例外状態」と題された節が設けられており、ここですでにシュミットを介してパウロのメシア主義が読み解かれていることがわかる。いわく、「律法のメシア的な不活性化」とは、「メシア的な例外状態における律法の逆説的な姿」であり、「パウロは、法律が適用されないことによって適用され、もはや内も外もわからなくなる、そのような例外状態を徹底化させているのである」、と（TCR: 100-101［一七二］）。『残りの時』は、その三年後に上梓されることになる『例外状態』を予告する書でもあるのだ。このように見てくると、「アガンベンのメシアは、パウロとベンヤミンのうちにとどまりつつも、シュミット的な構造物である」という、うがった解釈も可能であろう（Britt 2010: 278）。

しかもこの「不活性化」は、パウロが強調するように「弱さ」のうちにこそ達成される。「力は弱さのなかでこそ完全に現われる」（『コリント人への手紙二』一二章九節）。メシアの力は、逆説的にも、その弱さのうちにこそあるのだ。この「弱さ」は、「メシアと主権者」というエッセーでは、「ほんのわずかなずらし」と言い換えられる（PP: 270〔三二九〕）。さらに『到来する共同体』では、ベンヤミンがエルンスト・ブロッホに語ったというメシアの喩え話が次のように紹介されている。

正真正銘のカバラ主義者であったあるラビがかつて語ったところによると、平和の王国を打ち立てるには、すべてを破壊したり、まったく新しい世界から始めたりする必要はない。このコップ、このブラシ、この石をほんのわずかにずらすだけで十分である。だが、この小さな移動を達成するのは困難で、その寸法を見つけるのも難しい。それゆえ、人はこの世ではそれをなすことはできないため、メシアの到来を必要としているのである。（CHV: 45）

「弱さ」にこそ真の力が宿るということ、壮大なユートピア的構想ではなくて「ほんのわずかなずらし」が重要であるということ、そこにはパウロやベンヤミンの教えとともに、一九八〇年代のイタリアで勃興したジャンニ・ヴァッティモの「弱い思想（pensiero debole）」のかすかな残響が聴き取れるようにも思われる（とはいえ、アガンベンがヴァッティモに言及することはない。おそらく本人は否定することだろう)。あるいは、いみじくもアラン・バディウが示唆しているように(Badiou 2006)、アガンベンにおける存在論を、中世アッシジの清貧の聖者フランチェスコ――第二のキリスト(メシア)と呼ばれることもある――の思想との関連から読むことも可能かもしれないが、そして実際にも、それに応えるかのようにアガンベンはユニークなフランチェスコ論を二〇一一年に上梓することになるのだが、これについては最後の章で検討しよう。

ところで、「カタルゲイン」をめぐって『残りの時』では、もうひとつ重要な指摘がなされている。この語に、「止揚」を意味する「アウフヘーベン(Aufheben)」というドイツ語の訳語を当てたのがルターであり、さらによく知られているようにヘーゲルが、弁証法を基礎づける用語としてこれを採用した、というのである。つまりアガンベンによれば、ルターもヘーゲルも、「カタルゲイン」に内包された二重の意味――「廃棄する」と「保存する」――をはっきりと理解していたということになる。こうして「もともとは純然たるメシア的な用語が、弁証法のキーワードとなる」(TCR: 95［一六二］)。

これを敷衍して、アガンベンはさらに以下のように述べている。「近代の決定的な概念のすべてが、メシア的テーマの多かれ少なかれ意識的な解釈にして世俗化であるという意味において、ヘーゲル思想だけでなく、近代全体――つまり弁証法的止揚のしるしのもとにある時代――が、メシア的なものとの近接した関係のうちに巻き込まれている」、と(TCR: 95［一六二］)。

たしかに、二十世紀に繰り返し議論の俎上に載ってきた、「歴史の終焉」や「ポスト・ヒストリー」などのことを念頭に置くなら、これは聞き捨てならない指摘である。

6

次に「ホース・メー」というパウロの用語に関してはどうだろうか。「〜でないもののように」という意味のこの言葉に、アガンベンはことのほか執着する。メシアの召命(クレーシス)にかかわるこの用語は、『コリント人への手紙一』において明確に打ち出されているものである。すなわち、時は縮まっている、それゆえ残りの時は、「妻のある人はない人のように、泣く人は泣かない人のように、喜ぶ人は喜ばない人のように、物を買う人は持たない人のように、世のことにかかわっている人は、かかわりのない人のようにすべきです。この世の有様は過ぎ去るからです」、というのである(七章二九—三一節)。

普通に考えると、人に求められるのは、たとえば自分らしくあることやユダヤ人らしくあることかもしれないが、パウロは逆に、そうした自己の同一性に固執するのをやめるように勧めているのである。ここからアガンベンは次のような結論を導き出す。「メシア的召命とは、ある法的な規定でもなければ、自己同一性を形成するものでもない。〔……〕メシア的である、メシアのうちにあって生きるとは、「でないもののように」という形態のうちにあって、あらゆる法律的‐事実的所有権（割礼／無割礼、自由民／奴隷、男／女）を脱‐我有化することを意味している」。しかし、誤解してはいけない。「ホース・メー」という脱‐我有化は、だからと言って「新たな自己同一性を打ち立てるものではないのだ」（TCR: 31［四三］）。

メシア的召命（クレーシス）は、この「〜でないかのように」において具現される。マルクスの「階級なき社会」もこの意味で理解されなければならない、とアガンベンは言う。それゆえ、本来は「自分を廃絶することによってのみ自分を解放することができる」プロレタリアートが、「ある特定の社会階級——特権や権利をみずからに要求する労働者階級——と同一視されるようになってしまったのは、〔……〕マルクスの思想を最悪のかたちで読み違えたものというほかない」のである（TCR: 35［五〇—五一］）。

このようにアガンベンが、「〜でないかのように」というパウロの召命（クレーシス）をことさら強調する背景には、とりわけカント以後の近代哲学・美学を支配してきた擬制の思想、「〜かのように（als ob）」から一定の距離をとるという身振りがある。たとえば名高いカントの定言命法のひとつによれば、「汝の格率が、同時にあらゆる理性的存在の普遍的な法に役立つかのように行為せよ」ということになる。この「〜かのように」はそれゆえ、目的論的世界観とも密接に結びついている。

これにたいして、「メシア的召命のうちにある者は、もはや「かのように」を知らず、もはや類似を用いない」。「メシア的な主体は、この世を救済されたかのように観想することをしない」。なぜなら、「際限なく類似のうちに（「かのように」のうちに）とどまりつづけようとする主体は、勝負の機を失うほかない」からである（TCR: 45［六八―六九］）。

さらに、このように同一化や所有をいったん宙吊りにするメシア的召命（クレーシス）は、「残余」あるいは「残りのもの」をめぐる問題とも関連してくる。そもそもメシア的な救済の対象となるのは、破局を生き延びた者たちでも、選ばれた民たちでもなくて、パウロの言う「残りのもの」である。あらゆる分離・分割は残余を産み落としていく。たとえば、A/non A という分割は、必ずや non non A という残余を産み出す。この分割線――アガンベンはいみじくもそれを、プリニウスの語る古代の画家アペレスのきわめて繊細な輪郭線になぞらえている――をいかに精密にしていったとしても、分割の分割によって生まれる残余はけっして解消されることはない。

それゆえアガンベンによれば、パウロにとって肝心なのは、いかに人間が普遍的で自己同一的たりうるかということではなくて、このように残余があるということ、ユダヤ人やギリシア人が自分自身と一致できないということである。そして、この残余こそが、メシア的救済の、ひいては現実的な政治の主題にして主体なのである。

いまや明らかであろう。パウロ的「残余」が、アガンベンにおいて、「ホモ・サケル」や「回教徒」、「剝き出しの生」とも重なるものであることが。それは、主権による「締め出し」が、あるいは『開かれ』によれば人類学機械が、『装置とは何か』によれば生政治装置（macchina biopolitica）が、必然的に産み落としていくものなのだ。

ここであえてアガンベンが「ホース・メー」や「残余」にこだわるのには、さらにもうひとつの理由がある。『残りの時』の三年前に出版されたバディウの著書『聖パウロ』のことが念頭にあるからだ。バディウはパウロを「同一者と同等者をつくり出す普遍的思考」の創始者として解釈するが、アガンベンはこれをきっぱりと退ける。そもそも何人であれ、「原理としても目的としても、普遍的な人間やキリスト教徒といったものは存在しない。そこには、ひとつの残余があるにすぎない」。「パウロにとって問題なのは、差異を「許容し」たり、差異を横切ってその彼方に同一性や普遍性を見いだしたりしようとすることではない」。要するに、「差異を見渡すことのできるような超越的原理」として、普遍なるものが存在するわけではないのだ（TCR: 52-57［八二―九〇］）。

この文脈において、同じく「残りのもの」という言い回しをタイトルにもつアウシュヴィッツ論を読みなおすこともできるだろう。もしもメシア的な救済の対象となるとすれば、それは、生からも死からも締め出された証言なき証言者――「回教徒」――たちなのである。アガンベンはここで、従来のアウシュヴィッツ論にありがちな語り口からの「ほんのわずかなずらし」

を試みることで、新たなる「剝き出しの生」がいたるところで噴出している「いま」というときに、彼ら救われざる「残りのもの」を救い出そうとしているのである。

「到来する共同体」について、「到来する哲学」について、「到来する政治」について、何度も立ち返ろうとするアガンベンは、哲学者であれ歴史家であれ文学者であれ、そうした従来の何らかの固定したアイデンティティを拒絶する「〜でないもののように」という身振りをあえてとることで、「ほんのわずかのずらし」をそのつどそのつど試みる「弱い」メシアの役割をみずからに引き受けようとするのだ。

そのアガンベンにおいて、抵抗が、反乱ではなくて受動性として解釈され、マルコムXではなくてバートルビーによって、奴隷やプロレタリアートではなくてホモ・サケルによって象徴されている、と批判するのは、またしてもネグリである（Negri 2007: 123）。だが、アガンベンの／といういうメシアは、主権の論理を脱臼させるこのメシアは、目的論的世界観に縛られることのない、純粋な手段性の圏域に属しているのである。

8 声 Voce

1

生の声という言い方はあるが、生の言語とか生の言葉とかという言い方はあまりしないだろう。生の声を伝える、生の声に耳を傾ける、云々。このように声は、言葉とともにありつつも、言葉を超えるような何か、あるいはメッセージや意味に還元することのできない余剰をつねに含みもっている。ドイツ語で「声（Stimme）」が「気分（Stimmung）」ときわめて近しい関係にあるのも、おそらく偶然ではないのだろう。要するに、生の声とは、いわば「剝き出しの生」のようなものである。そして、まさしくその点にこそ、アガンベンがずっと「声（Voce）」にこだわってきた理由がある。

事実、アガンベンは、ギリシアにおけるフォネー（音声）とロゴス（言葉）の区別を、ゾーエーとビオスの区別に対応させて捉えようとする。というのも、「生きものはどのようなしかたで言語活動をもつのか」という問いは、「剝き出しの生はどのようなしかたでポリスに住みついているのか」という問いに正確に対応するからである(HS: 11［一六］)。つまり、ビオスがゾーエーの包摂的排除のうちに成立しているとするなら、同じようにロゴスも、みずからの内なるフォネーを排除しつつ包摂することで成り立っている、というわけである。生の声とはまさしく、「剝き出しの生」のことにほかならないのだ。

ところが、「西洋の形而上学においては、言語活動が生起しているということ(いかなる言語活動であれ)は、言表の要件において言われていることを優先させるために、忘却されてしまっている。つまり、この生起(声)は、言われていることの基礎としてのみ思考されるため、声そのものはけっして思考にもたらされることはないのである」(LM: 127-128［一三五］)。かくしてアガンベンは、言葉をたんなる伝達のための手段とみなすのでも、意味作用に還元させてしまうのでもなく、言語活動がまさに生起しているという事実それ自体に、つまり声の現場に思考の照準を合わせることになる。それはまた、ジャン・クロード・ミルネールの表現を借りて、「語るという事実(factum loquendi)」とも呼ばれ、哲学の任務はその事実を突き詰めることにある、とまで断言される(PP: 63［七五］)。

言い換えるならそれは、「純粋な音ではもはやないが、とはいえ意味ではまだないものの経験」である。すでに読者の皆さんもお気づきのように、ここでも問題となるのは、「もはや〜

ない」と「いまだ～ない」という、二重の否定のあいだに挟まれた境界にして閾である（PP: 29［三四］）。アガンベンはこの声を、たんなる動物の音声（voce）とは区別して、大文字（Voce）で表記している。「声」は、意味（現勢力）へとストレートに移行することのないままに、その否定性においてみずからを保持しているという点で、「非の潜勢力」にも比することができるものなのだ。

2

それでは、この「声だけにしたがってなされる思考」とはいかなるものなのだろうか。忘れられた中世の論理学を呼び起こしつつ、『言語活動と死』では以下のように述べられる。

音声（voce）の除去と意味の出現とのあいだで言語活動が生起しているということ、それこそがもうひとつの（大文字の）声（Voce）である。この声の存在論的次元が中世の思想のなかで出現しているのは、先に見たとおりである。しかもこの声は、形而上学の伝統において、人間の言語活動の本源的な分節を構成しているものである。（LM: 48［九三］）

とするならば、フォネーとロゴスの閾にある「（大文字の）声」、もはや音声ではないが、いまだ意味でもない「声」とは、いったいいかなるものであろうか。具体例を挙げるともっとわかりやすくなるかもしれない。

『アウシュヴィッツの残りのもの』でアガンベンは、レーヴィが伝える「フルビネク」と呼ばれていた、見たところ三歳ぐらいの「話すことができず、名前もない」幼い少年の話を取り上げている（QRA: 34-36〔四六―五〇〕）。おそらく収容所のなかで生まれたのであろうこの少年は、あるときからひとつの言葉だけをたえず繰り返し口にするようになる。レーヴィはその声を mass-klo もしくは matisklo と書き取っているのだが、その意味はあくまでも不明のままである。誰もが「生まれ出ようとしているこの言葉に耳を傾け、解読しようとする」が、「フルビネクの言葉はその意味をかたくなに秘めたままなのである」。

われわれがここで出会うのは、証言しえないものこそが真の証言であるという、アガンベンの逆説的テーゼであるが、少年のしぼり出すような「声」は、「いまだ意味ではない」からこそ意味があるのであり、意味ならざるその意味こそが問われなければならないのである。

一方、一九八〇年のエッセー「言葉と知」では、十九世紀のイタリアで出版された子供向けの挿絵入りの文法書が紹介されている（PS: 155-166）。その挿絵は、犬と猫のあいだにいる女の子を描いたもので、彼女は目下、言葉のルール、つまり動物のようにただ音声を発するのではなくて、人に伝わるように話すための約束事を学び取っている最中である。まさに彼女は、フォネーとロゴスとのあいだで、大文字の「声」が生起しようとする瞬間に立ち会っているのだ。逆に言うと、その瞬間はまた、ことによると動物の声に陥るかもしれない閾でもあって、人間の言葉はその運命も背負っている。だからこそ、われわれの哲学者は、こうした少年少女たちに暖かい眼差しを注ぐのである。

かつてベンヤミンは、「子どもの本を覗く」というエッセーで、「子どもというのはお話を考えだす段になると、「意味」などに検閲されたりはしない演出家」（ベンヤミン 一九九六：三七）と述べたことがあるが、アガンベンもこれに賛同するのだ。よく知られているように、ドイツの思想家は、言語をたんなる道具や手段とみなす一般的な考え方に異を唱え、「純粋言語」という概念を提示したのだが、それはアガンベンにとっても大前提となるものである。

そのうえで『散文のイデア』では、意味作用から独立した言語の経験——つまりは「声」——のことが、「言語活動の無垢」とも言い換えられている（IP: 69）。もちろん、アガンベン自身がその「無垢」へと回帰していくことはありえない話だが、無垢や無媒介性から経験や反省への移行に、そして声と言語活動との関係性に、つねに注意を払いつづけるのである。

そもそもこの哲学者には、声と意味とが一致するような言語表現は、あきらかに凡庸さへと陥る傾向があり、思考（への愛）を裏切ることになりかねない、という固くて深い信念がある。

それゆえ、声と意味とが緊張関係にあるか分裂すらしている詩的言語（さらに幼児語やオノマトペ、宗教的な「異言（グロッサ）」や「死語」など）の問題にたえず立ち返ろうとするのも偶然ではない。新たな思考が立ち上がってくるとすれば、それは、記号論（セミオティック）と意味論（セマンティック）とのあいだに横たわる埋めがたい亀裂のなかからなのである。アガンベンが身をさらす閾において、声の否定性はまた、声の可能性へと転じるという両義性を秘めている。

3

詩におけるアンジャンブマン、つまり詩句が脚韻で意味を完結させずに、次の詩句にまたがるという、中世以来の詩法も、この枠組みにおいて捉えることができる。「というのも、アンジャンブマンは、韻律の境界と統語の境界との対立、プロソディの休止と意味論上の休止との対立にほかならないからである。したがって、この対立が少なくとも潜在的に可能であるような言説は詩的であると言われ、その対立が生じない言説は散文的と言われることになるであろう」（CI: 138［二四八］）。

もちろん、だからと言ってわれわれの哲学者は、実際に詩作を試みるというわけではないが、言語表現が惰性化することのないよう、記号の連なりと意味の連なりとの緊張関係に、声と意味、韻文と散文の閾に、たえず鋭い眼差しを注ぎつづける。その意味で、短いアフォリズムのような文章からなる『散文のイデア』は、詩的散文の実践版とも言えるものである。「哲学は本来なら詩作のようにしか書かれることはないだろう」というルートヴィヒ・ヴィトゲンシュタインの言葉は、いわばアガンベンの座右の銘でもあるのだ（CI: 143［一五八］）。

そのためにしばしば彼は、ことさら謎めいた言い回しを用いたり、入れ子状に否定を重ねるレトリックを駆使したりすることで読者を煙に巻こうとしている、などといって批判されてきた。たしかにたぐい稀なる修辞家であることに間違いはないのだが、それは、彼が言語表現の可能性を極限にまで突き詰めようとしているからである。それにもかかわらず、目下わたしがここで試みているような、できるだけわかりやすくその思想を解き明かそうとすることは、まさしく凡庸の極みにほかならないわけだが、もう少しお付き合いいただきたい。

ポール・ヴァレリーを引きつつアガンベンは、そもそも言語活動とは、何かを意味するよりも前に、誰かが語っているというそのこと自体を示すものである、と述べる（PP: 99［一一七］）。言い換えるなら、「「声」は言語活動の場を開く」（LM: 49［九三］）。

とはいえ、けっして誤解してはいけない。それは、一般的にそう考えられてきたように、「自我の声」とか「自己自身のもとに現前する意識の沈黙の声」のようなものでは断じてない（QRA: 120［一七五］）。あるいはまた、マイノリティや弱者の声の復権といった、アイデンティティ・ポリティックスのかたちで表面化されるべきものでもない。

アガンベンにとって「声」は、同一化や主体化の手段となるものではない。主体化と脱主体化、創造と脱創造――この概念はシモーヌ・ヴェーユの『重力と恩寵』から取られている――という、たがいに引き合う両極性の運動と緊張のなかに置かれるのである。そうである以上、「声」を主体性や同一性、意識や自我の問題へとすり替えてはならないのだ。

4

では、「声」の「声」たるゆえんはどこにあるのか。アガンベンはそれを、言語学で言うシフター（ヤコブソン）あるいは指示子（バンヴェニスト）のうちに探り当てようとする。よく知られているように、シフターとは、人称代名詞（わたし、あなた、彼、彼女など）や指示代名詞（これ、あれ）、時間や場所を示す指示副詞（ここ、そこ、いま、そのとき）などのことで、それ自体はいかなる意味も指示対象ももつことなく、ただそのつど生起し進行する言表行為に関連してのみ定義されるものである（Clemens 2008）。

だが、これだけではまだ何も明らかになってはいない。そもそも、シフターがなぜ「声」と重ね合わされるのだろうか。その重ね合わせにこそアガンベンの独自性があるとして、いったたい何が問題だというのだろうか。「声」が「最高のシフター」とまで呼ばれるゆえんはどこにあるのだろうか。

要点は二つあるように思われる。まずひとつは、いずれも意味や概念の手前にあるということ。すなわち、言語活動が生起するまさしくその瞬間に関連しているということ、である。そして次に、いずれも不在ないしは否定作用によって支えられている、という点である。すなわち、シフターは指示対象によって、「声」は意味作用によって置き換えられることで否定される不在にほかならないのである。シフターも「声」も、「ホモ・サケル」と同じく、いわば「締め出し」の構造にかかわっているのだ。つまるところ、「言語活動も人間を締め出しのうちに保つ」(HS: 58［七六］)。アガンベンの思想において、政治と言語活動とを切り離すことができない根本的な理由もまたここにある。

生との関係における言語活動のこの否定性、あるいは「締め出し」に関して、『言語活動と死』でアガンベンは、ハイデガー（の「ダーザイン［現存在］」）とヘーゲル（の『精神現象学』における「このもの」）にさかのぼることで、存在の問題と指示行為とのあいだには根源的な結びつきがあることを突き止めている。『存在と時間』が「ダーザイン」の「ダー（そこ）」への問いからはじまるとすれば、『精神現象学』は、感覚的確信の「このもの（das Diese）」をつかまえる試みから着手されているのである。つまりいずれも、概念の手前にある、（文）法の手前にある、主体の手前にあるシフターをめぐる問いがそもそもの出発点にあるのだ。

こうして存在の問題——最高の形而上学的問題——はそもそものはじめから指示代名詞の意味の問題と不可分なものであったことがわかる。それゆえ、その問題はつねにすでに指示の領域と関連しているのである。(LM: 24-25［四九］)

さらにアガンベンは、すでにわれわれにおなじみの得意の身振りでもって、アリストテレス(『カテゴリー論』)へと踵を返し、第一次的実体が「この人間」や「この馬」という具合に指示行為と切り離しえないものとみなされていることを突き止める。そこではまだ、指示代名詞は自律的なものとは捉えられていないが、古代末期か中世の文法学者・論理学者(トラキアのディオニュソス、アポロニウス・ディスクロス、プリスキアヌス等々)を通して、「代名詞と第一次的実体との結合」が達成されるという。すなわち、代名詞は「いかなる性質規定にも先立ったところで、あるいは超えたところで、それ自体として存在する、純粋な実体」となるのだ(LM: 28-30［五五—五九］)。もちろんここでも、強引とも受け取られかねないその系譜学的素描にたいして、専門家から異論が出るだろうことは本人も覚悟のうえである(実際、中世学者たちから批判を浴びている)。にもかかわらず、あえてアガンベンが踏み込んだとするなら、それは、声もしくはシフターが存在論的な次元の根底にあることを明るみに出そうとするからにほかならない。

5

さて、もしそうだとするなら、このように声（シフター）の否定性のもとに西洋の形而上学を位置づけることで、アガンベンはいったい何をもくろもうとしているのであろうか。われわれは次に、その動機をめぐる問いへと向かわなければならない。

やはり『言語活動と死』がそのためのヒントを与えてくれる。結論から先に述べるなら、法の問題におけるように、ここでもまたわれわれはデリダと顔を突き合わせることになるのである。イタリアの後輩は、フランスの先輩のうちに、形而上学の伝統にたいするその批判の鋭利さを認めるのにやぶさかではない。が、そこにはまたおのずと限界もあるという。いかなる意味においてか。

形而上学は、デリダの診断するような、たんにグランマ（文字）にたいする音声の優位を意味するものではない。たとえそうだとしても、「この音声は最初から消去されたものとして、つまりは「声」として考えられている」という点を見過ごしてはならない。グランマを通じてフォネーの絶対的優位を乗り越えるという「グラマトロジー」の企ては、この本質的な否定性を無視したうえで成立している、とアガンベンは考えるのである（LM: 53-54［一〇一―一〇二］）。

実はこの批判は、すでに早くも『スタンツェ』のなかで示唆されていた。その結末で、グラマトロジー批判が展開されていたのである。いわく、エクリチュールや痕跡を第一に置くということは、むしろ形而上学の起源を強調することであって、それを乗り越えるということにはならない、と。ギリシアの形而上学は、言語に関する考察に「文法」という資格を与え、「フォネー」を「セマンティケー」（つまり「霊魂のなかに書き記されたもの」の記号）とみなすことで、すでに「文字」の観点から言語を捉えていたのである（S: 187［三〇八］）。アガンベンによれば、フォネーは最初から、グランマのなかで締め出される運命にあったというのだ。

つづく『幼児期と歴史』では、「フォネー・エングラマトス」、つまり文字に書き写すことのできる音声という形而上学の前提が、実は幻想にすぎないとまで言ってのけられる。グランマのうちにフォネーを把握し刻印したというのは、ひとつの幻想なのであって、それは数が実際には存在しないのに、「現実に事物のなかに存在しているかのように思いなす」のと同じことだ、というわけである（IS: 56［一〇二］）。

こうした議論の運びはまさに、一九七七年と一九七八年というそれらの発表年に鑑みるなら、駆け出しの若輩が現代思想の大御所に嚙みついた仕儀である（ちなみに『グラマトロジーについて』は一九六七年の出版）。安易に心理学に還元することは控えるべきかもしれないが、エディプス的な動機がそこに働いていたのではないか、と想像してみたくなるのは、ひとりわたしだけではないだろう。

文学の領域において、後続者が先行者にたいしていかなる態度をとろうとするのか、精神分析を駆使することでその様態を解明し分類しようとした『影響の不安』のハロルド・ブルームのひそみに倣うなら、「子」アガンベンが「父」デリダにたいしてとろうとする身振りは、「父」を踏まえたうえでの「修正（クリナーメン）（＝誤読）」と「完成（テスセラ）（＝完結と反定立）」にほかならない、と解釈することができるように思われる。

いずれにしても、文字どおり「解釈」をめぐる問題に関連して、次の章でわれわれはもういちど、デリダとその脱構築にたいするアガンベンの批判的応答に立ち会うことになるだろう。

6

話を「声」に戻そう。「声」はかくのごとく、アガンベンのテクストのなかで早くからいたるところに出没する主要モチーフなのである。繰り返すなら、人間の言語と政治とを結びつけているものこそ、「声」という存在にして不在にほかならないと言えるだろう。

たとえば、ほかでもなくデリダに捧げられた「もの自体」（一九八四年）というエッセーでは、プラトンの『第七書簡』にさかのぼりつつ、「もの自体」と呼ばれてきたものは実は「声」のことである、と大胆な解釈が提示される（PP: 9-23［八—二八］）。われわれがつねに見失っている「もの自体」とは、言語活動が生起しているということそれ自体、つまり意味の到来とともに排除されることになる「声」にほかならない、というのである。

さらに、同年の「言語活動のイデア」では、いわゆる「啓示」なるものについて、「啓示とは世界についてのしかじかの言表でもなければ、言語活動を通じて言われうる何かでもない。啓示とは言葉があるということ、言語活動があるということである」と規定される。したがって、「啓示において問題となるもっとも根源的な論理的次元とは、意味ある言葉の次元ではなく、何も意味することなく、ただ意味するということ自体を意味する言葉の次元である」（PP: 28-29［三二—三四］）。

ここで予告されていたような、宗教との関連において声を思考するという観点は、『言語活動の秘蹟』においていっそう深められることになる。「誓い」は、宗教（呪術）と政治と法とが交わる地点に位置するものと捉えられ、その考古学的な系譜がたどられていくのである。もちろん重要なのが、クロノロジカルな意味での起源ではなくて、歴史のなかで作用している「根源（アルケー）（arché）」の力であることは言うまでもない（SL: 15-16）。著者の狙いは次の一節に要約されている。

> 誓いにおいて問題となるのは、言語活動のパフォーマティヴな経験であるが、宗教と法は、この経験に先立って存在するわけではない。そうではなくてむしろ、宗教と法は、一連の装置を通じてロゴスの真理と信憑性を保証するために作り出されたものである。特殊な「秘蹟」として誓いを技術化すること――「権力の秘蹟」――は、そうした装置のなかでも中心的な位置を占めるものである。(SL: 80)

つまり、言葉を発すること、声にすることよりも前に、あらかじめ宗教や法のようなものが存在するわけではないのだ。その意味で「誓い」は、「人間の言語活動それ自体の根拠と、「言葉をしゃべる動物」という人間の本性とにかかわる、よりアルカイックな段階の記憶をとどめているのである」(SL: 12)。さらにアガンベンは、ここでもアリストテレス(『形而上学』)を援用し、そこにおいて誓いは「ソクラテス以前の哲学者たちの「第一原理」に据えられているのだが、それはあたかも、宇宙と宇宙を把握する思考の根源には、何らかのしかたで誓いが内包されているかのようである」、と指摘する(SL: 27)。

一般的に、誓いの力や効果は、それが属する呪術・宗教的な力の圏域に求められてきたが、アガンベンによれば、これは本末転倒である。なぜなら、そこではすでに「宗教的人間」なるものが原初的なものとして前提とされているからである（SL: 19）。そうではなくてむしろ、「誓いはまさしく、そこを通過して言語活動が法と宗教へと入っていく閾＝境界を表象している」、と考えるべきである（SL: 39）。内なる信仰よりもまず、誓いの声を発するという行為遂行性が先に立つのだ。しかも、われわれもすでに見てきたように、「宗教（レリギオ）」にしても「聖なる（サケル）」にしても、本来きわめて両義的な言葉であった。それと同じように、祈りは呪いと、宣誓は偽証と切り離しえないかたちで結びついているのである。

ところで、アガンベンがここで述べていることは、たしかに時間的にも地理的にも遠いところの話ではなくて、むしろわれわれにもどこか身に覚えのあることである。たとえば、よし本心からでないにせよ誓いを立てることで実行へと促され、信仰心などさらさらないにせよ念仏を唱和することで恭しい気持ちにもなったりする、というのは日常的によくあることだ。一方、呪い（まじない）は一転して呪い（のろい）にも変わりうる。要するに、声はすぐれて行為遂行的な力をそなえているのである。「行為遂行性とは、言語的な発話のことであるが、それは事物のある状態を記述するのではなく、無媒介的にひとつの事実を作り出し、その意味を実現させるのである」（SL: 74）。

7

それゆえ、伝達の性格をもたない語＝声や、意味論的なものではない語＝声こそが、宗教的で法的なものの根底にある、といってもおそらく過言ではない。そこでは、恐怖や崇拝の感情を喚起させる誓いや呪い、叫びの声——間投詞——が重要な役割を果たしている。これまでのように、まずもって前‐法的な段階を想定し、それが宗教的な圏域に属しているという考え方は、根本的に見直されなければならない。

われわれが宗教と呼んでいる装置の中心にあるのは、神々の名であるが、これも、瞬間的な行為や出来事、あるいは間投詞などに由来することが、さまざまな文献から跡づけられる（SL: 61-65）。これにたいして、一神教の「神の名は、信仰‐誓いの次元におけるロゴスのあり方そのものであり、そこにおいて、名づけるものの実存が命名によって無媒介的に実現される」（SL: 71-72）。つまり、神の名は意味や伝達の手前にあるものなのだ。

しばしばそこに宗教の起源が探られてきた、いわゆる「マナ」がまた好い例である。すでにクロード・レヴィ＝ストロースが明らかにしたように、それは、「聖なる実体や、宗教に関連した社会的感情のようなものを示すものではない」。そうではなくて、「意味の空白や意味作用の未決定の価値を示すものなのだ」（SL: 21）。

『創世記』のなかで語られる有名なエピソード、楽園でアダムが最初におこなった、獣や鳥たちを名づけるという行為も、言説のようなものではありえず、一連の間投詞、つまり「声」だったと考えられる。「名詞は、その根源的な地位において、意味論的な要素ではなくて、純粋に記号論的な要素を構成している。名詞は、根源的な間投詞の遺物なのであり、言語活動の川は、みずからの内にこの遺物を引きずりつつ、歴史となっていくのである」（SL: 64-65）。ここにはまた、楽園のアダムの命名行為を「純粋言語」と呼んだベンヤミンの言語観が反響している。

こうした「誓い」――「声」と言い換えてもいい――のアルケーの考察を通じて、アガンベンは、次のようなやや大胆とも言える結論を導き出す。

もちろん、あらゆる種類の交差や重なりを通してではあるが〔……〕、誓いから、法、宗教、詩、文学が由来する。それらのあいだにあるのが、哲学である。哲学は、真理においても誤謬においてもみずからを保ちつつ、虚言の可能性を拒絶することなく、言葉の行為遂行的な経験を守ろうと努めている。そして、あらゆる定言的な言説において、とりわけそこで生起している真理を語るという経験をおこなっているのである。（SL: 81）

この一節は、それに賛成か反対かは別にして、アガンベンの哲学において、「声」がいかに重大な契機であるかをさらに確証するものとなっている、といっても過言ではない。

かねてよりアガンベンは、『人間の声』もしくは『エチカ、あるいは声について』という著作を予告しているのだが、それが実現しているのかどうか、残念ながらわたしは知らない。少なくとも現時点ではまだ出版された形跡はないようだ（付言しておくなら、二〇一六年に上梓された『哲学とはなにか』のなかに「声の経験」というエッセーが収録されている）。二〇〇九年三月のヴェネツィア建築大学での最終講義は、この「声」のテーマが掲げられていたと聞く。近いうちに「声」をめぐるアガンベンの声——文字のうちに捉えられつつもすり抜けるもの——が聴けることを、期待したい。

9 註釈 glossa

1

アガンベンの並外れた博識ぶりは、とみによく知られるところである。処女作『中味のない人間』から『王国と栄光』や『言語活動の秘蹟』、『いと高き貧しさ』や『身体の使用』にいたるまで、どの著作も、目くるめく博覧強記がその大きな魅力のひとつであり、読者を惹きつける戦略でもある。そしてそれは、『散文のイデア』や『到来する共同体』のような、比較的短いエッセーからなるアフォリズム風の作品においても基本的に変わることはない。

とはいえ、多くの読者がすでに気づいているのではないだろうか。次々と繰り出されてくる豊かな引用の数々は、しかしながら、しばしばかなり断片的で、その本来の文脈からは完全に切り離されている、ということに。しかも、古代から中世、近代から現代にまたがるそれらの引用は、たいてい時間軸を無視するかのようにして併置され、唐突とも言えるかたちで突き合わされている（そのことが批判の対象ともなっている）。それゆえわれわれは、その手法をシュルレアリスム的と形容したくなるほどである。

そこにはもちろん、引用だけでできた書物を構想していたベンヤミンからの影響が色濃く認められることは否定できないであろう。「ヴァルター・ベンヤミンと魔的なもの」というエッセーでアガンベンは、敬愛する大先輩の「引用」の理論を次のように要約している。過去を救済するという歴史の使命は、「過去の各瞬間をすべて引用できるという可能性」にかかっている。そこで求められるのは、「過去を文脈から引き剝がして破壊し、変容させたうえで起源へと回復してやるという能力」である、と（PP: 225［二七九］）。

たとえば、愛の想像力とは何かを論じた『スタンツェ』の第三章「言葉と表象像（ファンタスマ）」は、その好い例である。ジャン・ド・マンの『薔薇物語』にはじまって、中世ロマンス語文学とダンテへと筆を進めたかと思うと、突然に踵を返してプラトンとアリストテレスにさかのぼり、さらに中世のアリストテレス註解者たちの数々のテクスト、古代末期から中世の医学・生理学や心理学等々を経由して、ふたたびダンテと清新体派の詩に戻ってくる、という仕儀である。

しかもその過程で、少なくともわたしがそれまで耳にしたことのないような名前の著者たちが数え切れないほど登場するのである。そこから、詩的想像力の根源にある愛のテーマが浮かび上がってくるという仕掛けである。同じ手法はまた、『中味のない人間』についても当てはまる。

このように、アガンベンの方法はある意味で、その初期の仕事からすでに固まっていたと言っても誇張ではないだろう。アカデミックな学科において神聖視されてきたいにしえのテクスト群を「瀆聖」すること、つまりそれらを「新しい使用」へと、「共通の自由な使用」へと返してやること、アガンベンはまさにそれを最初から実践しているのである。

2

とはいえ、早急に結論を出すことは禁物であろう。博覧強記という彼の身振りがどこに由来するのか、そしてその動機はどこにあるのか、もう少しじっくりと検討してみる必要がありそうだ。

アガンベンの著書は、いつもたいてい、過去や現代の有名無名の膨大なテクストをめぐる解釈や註釈という形式をとっている。だが、もちろんこのことはアガンベンだけに当てはまるというわけではない。人文科学はもともと、過去のテクストの解釈ないし註釈として発展してきたという経緯がある。

通常われわれは、これまで言われてこなかったようなことを言うことが、研究の「独創性」

だと思いがちだが、それはあまりにも素朴な発想である。「独創性」なるものをめぐって、『中味のない人間』ではこう述べられている。独創性とは、作品がただたんに唯一無比である、他と異なっているということを意味するのではない。それが意味するのはむしろ、根源との近似性であり、「みずからの根源、つまり形式のアルケーとの個別的なつながりを保持している」ということなのだ、と（USC: 91［八九―九〇］）。

アガンベンがここで言及しているのは芸術作品のことなのだが、もちろん芸術だけに当てはまる話ではない。「オリジナリティ」とは文字どおり「根源（オリジン）」といかにつながっているか、ということなのである。それゆえ、これまで誰も言わなかったこと、新説や新発見などといった、アカデミックな学会でもてはやされるようなお題目がいかに便利で、一見したところ正当なようにみえるとしても、実際にはその場しのぎの口上でしかない。そもそも人文知にとって、前代未聞のものなどあるのかどうかもかなり疑わしいのだ。

芸術であれ哲学であれ、アガンベンは「無からの創造（エクス・ニヒロ）」という近代的な神話に真っ向から刃向かう身振りをとろうとする。「いかなる創造の行為も、無定形の質料であれ、不完全な存在であれ、完成し「成長させ」なければならない何か他のものをつねに含んでいる。いかなる創造者もつねに共同創造者であり、いかなる作者もつねに共作者である」（QRA: 140［二〇三］）。それゆえ、過去のテクストの註釈もまた、創造的で独創的な行為たりうるのである。

この点に関連して『スタンツェ』でも、「ヨーロッパ文化はいずれにせよ保守的なのであり、まさに進歩主義的であるかぎりにおいて保守的なのである」、とさえ述べられる。配置転換や分極化をともないつつも、「文化とは総じて本質的に伝播と「生き残り」のプロセスなのである」（S: 131［二二七］）。

ここで言う「生き残り」は、アビ・ヴァールブルクの用語「ナーハレーベン（Nachleben）」、つまり文字どおり「後の生」あるいは「残存」を踏まえたものである。このドイツの偉大な先達は、とりわけその晩年、さまざまな図像に刻まれて伝えられてきた身体表象——「情念定型（Pathosformel）」——の残存をめぐる問題に強い関心を示していた。その試みは、伝統的な美術史の枠組みを大きく踏み越えていくもので、人類学や民族学、宗教学や神話学、言語学や哲学などとも密に交差する。アガンベンはそれを、夭折したフランスの美術史家ロベール・クラインに倣って、いまだ「名のない」学と呼ぶ（PP: 123-146［一五〇—一七六］）。

一方、言語学という枠に収まり切らないバンヴェニストもまた、アガンベンにとって「名のない」学の偉大なる先駆者である。それゆえ、ほとんどすべての著作において彼の名前が参照されているとしても、偶然ではない。二十世紀のはじめに彼らによって試みられた「人間的なものに関する一般的な学の企て」が解明しようとするのは、さまざまなカテゴリーや概念やイメージが、複数の領域を横断しながら転位や移動を繰り返し、変容され配置転換されて「生き残る」さまである。そしてそれはまた、創造と批評、詩と哲学とのあいだの垣根を取り払うことのできる可能性を秘めた学でもある。

3

ところで、この「人間的なものに関する一般的な学の企て」を可能にするのは、もちろん文献学を措いてほかにはない。ニーチェがそうであったように、文献学者であることと哲学者であることとは、矛盾するどころか一致する。文献学者（フィローロゴ）が、文字どおり「言葉を愛する人」であるとすれば、哲学者（フィローソフォ）は「知を愛する人」のことを言うのだ。それゆえ、プラトンの言にあるとおり、「文献学なき哲学は存在しない」（CI: VI［七］）。

文献学は、テクストの註釈というかたちをともなう。アガンベンは、「解釈」というよりも、どちらかと言うと「註釈」ないし「註解」という古風な言い回しのほうを好む。おそらくは、十九世紀のディルタイ的な伝統よりも、中世の有名無名の註釈者たちにさかのぼる古い伝統に、みずからの仕事を結びつけるためである。

しかもその用語は、ラテン語の「グロッサ（glossa）」に由来するのだが、興味深いことにこれは、「意味不明の言葉」を指す語でもあるのだ。そこから転じて、説明を要するものや、説明そのものを意味するようになったのである。とするなら、この「グロッサ」という語もまた、アガンベンにお好みの、正反対の意味をもつ両義性によって特徴づけられていることになる。というのも、「グロッサ」はそれ自体として、理解困難なものであると同時に、説明可能なものでもあるからだ。あるいは、理解困難なものが説明可能なものへと転じる「閾」に「グロッサ」がある、と言い換えることもできよう。

彼の著書をいくつか手に取ったことのある読者なら、すぐに気づくことだろうが、たいてい章と章のあいだに、あたかも幕間劇か何かのように、「註釈（グロッサ）」や「閾（ソリア）」と題してつなぎの文章が挟まれることが多い。このスタイルもまた、初期の『スタンツェ』から『王国と栄光』や『オプス・デイ』などにいたるまで、ほぼ一貫して変わることがない。それらは、本文を補い膨らませるのはもちろんのこと、さらに本文から締め出された残余や例外を提示するという役目も果たしているのである。

アガンベンの言説はしばしば難解で、ことさら謎めかしている、と非難されることも少なくないが、それも理由がないわけではない。おそらくはそれも計算のうえのことである。思うに、みずからの仕事をあえて「グロッサ」として位置づけることで、本人がその語の両義性のもとで戯れているのだから。

さらにさかのぼるなら、「グロッサ」は、パウロの『コリント人への手紙一』に登場する

「異言語り（グロッソラリア）」にたどり着く。「異言を語る者は、人に向かってではなく、神に向かって語っていいます。それは誰にも分かりません。彼は霊によって神秘を語っているのです」（一四章二節）。

この「異言」なるもの、つまり「日常言語とは異質な言葉、意味のわからない難解な語を意味する」（CI: 64［一一九］）グロッサに、アガンベンは複数の著作のなかで何度も言及している。「パウロ註解」というサブタイトルをもつ『残りの時』にそれが登場することは、もちろん言うまでもない。『アウシュヴィッツの残りのもの』の少年「フルビネク」が口にする「声」mass-klo もまた、同じように「異言」にほかならない。

一方、『イタリア的カテゴリー』に収録された詩論「パスコリと声の思想」では、ほかでもなく詩的言語がこの「異言」になぞらえられる。このイタリアの詩人に特徴的な、死語の体験、オノマトペの多様、破格の文法などに関連して、「異言」が引き合いに出されてくるのである（CI: 61-72［一一三—一二四］）。

とはいえ、この詩人にかぎらず、詩作そのものが一種の「異言」を声にする行為であることは、アガンベンも十分に承知している。「わたしとは一個の他者である」というアルチュール・ランボーの言葉——『スタンツェ』のなかですでに引かれていた（S: 104［五九］）——にも象徴されるように、詩的言語を紡ぎ出すという行為は、それ自体、「自分の言っていることがわからなくなる」ということでもある。アガンベンにおなじみの別の言い方をするなら、そこにおいて、主体化と脱主体化、創造と脱創造とがたえざる往復運動のなかにあるのだ。それゆえ、「異言」とはまた、「声のみの思考」、「純粋に言わんと欲すること」、「語の生まれ出る状態」などと言い換えることもできる（CI: 69［一二九］）。

4

その意味で、同じく『イタリア的カテゴリー』に収められた中世詩論「コルン」は、きわめて興味深いものである。ここでアガンベンは、「異言」と「註釈」という両義的な意味をもつ「グロッサ」を、その両義性もろとも、詩を論じるひとつの方法論として体現しようと試みているのである（CI: 27-44［四七—八一］）。その濃密にして軽妙な議論を、ここで簡単に振り返っておくのは、無駄なことではないだろう。

中世ロマンス語詩に由来する死語、「コルン」なるものがもともと何を意味していたのか、それを突き止めることが一応この詩論の主たる目的である。そこでアガンベンはまず、まるで言葉遊びを楽しむかのように、過去のさまざまな解釈を渉猟しながら、この死語が、女性の尻や肛門や恥部、あるいは男性器などとして解釈されてきた経緯をたどる（それはさながら、「註釈」するアガンベン本人が「異言」を口走っているかのようにも聞こえる）。というのも、ロマンス語詩以来、詩の手法はしばしば（女性の）身体になぞらえられてきた、という長い歴史があるからである。詩節を意味する「スタンツァ」は、いわば子宮のようなものでもある。ダンテやペトラルカにも生きていたように、詩の解剖学は身体の解剖学と合致するのだ。これが註釈の第一段階である。

つづいてこの語は、空間の先端や隅を表わす語とも結びついていたことを明らかにしたうえで、詩の構造へと分析を進め、「コルン」が、「詩節単位の裂け目」であること、つまり「詩節内の閉じた統一性を破壊し、韻を踏まない」要素であったことを突き止める。以上が第二段階。さらに第三段階として、このように詩の身体の分断点として「コルン」を捉えることは、いったい何を意味しているのかが問われる。「音声と意味、韻律上の区分と統辞上の区分という別の形式的対立に基礎づけないかぎり、このこと――おしなべて言えば韻律の制度一般の意義――は理解されない」、と著者は言う（CI: 37［六七―六八］）。つまり、「コルン」とは、詩にとってもっとも本質的な、韻律単位と意味単位のあいだの、口承と文字のあいだの亀裂を示しているのである。

そして最終的に、詩におけるこの亀裂は、ダンテを参照することで、知ることと語ることとのあいだに生じるずれへと結びつけられることになる。「（あたかもおのずから動かされた）言語は理解することができないままに語るのにたいして、知性は語ることができないままに理解する」（CI: 41［七六］）。この切断にして交差はまた、思索する詩作の本質と、詩作する思索の本質とも対応している。ここにきてわれわれは理解する。このキアスムこそまさしく、アガンベンがさまざまな著作において試みてきた、詩と哲学との交換のメカニズムにほかならないものであることを。

以上にたどった「コルン」をめぐる註釈の四段階を、アガンベンは、中世における聖書解釈の諸段階になぞらえて、順に「アレゴリー」、「比喩表現」、「神秘的解釈」、「秘教的な意味」と呼んでいる。それはまるで、自分の註釈を、聖書解釈のパロディとして読者に提示するかのようである。

5

わたしはいま図らずも「パロディ」という表現を使ったが、この語もまたアガンベンにおいて無視できない。個人的にも親交のあった詩人エルサ・モランテに捧げて、「パロディ」というエッセーを著わしているのである（CI: 120-130［二一七―二三四］）。ここで著者は、「パラ・テン・オデン（歌の傍らにあるもの）」という語源にさかのぼりながら、パロディがもともと「歌と言葉、メロスとロゴスのあいだの分離」を意味していたことを突き止める。本来ギリシア音楽において、メロディは言葉のリズムと対応していなければならなかったのだが、ホメロス詩人たちの朗誦において、この伝統的なつながりが弛み、不協和音として感知されるようなメロディが導入されはじめたのだ。

パロディという用語のこうした古い意味によれば、パロディは音楽と言葉の「自然な」結びつきの破綻、つまり言葉からの歌の解放か、あるいは反対に、歌からの言葉の解放を意味していた。(CI: 122〔一二〇〕)

それゆえ、歌との関係において散文はすべからくパロディである、といっても過言ではないことになる。歌との「結び目を断ち切ることで、パラ、つまり傍らにあるスペースが自由になり、そこに散文が座を占める」。しかし、このことは同時に、「散文はみずからの内に歌からの分離の跡を残している」ということでもある。パロディのうちには本来、韻文と散文の緊張が走っているのだが、いずれにしても、もはや散文は韻文に接近不可能であるため、その緊張は「満たされないままに終わるようにしむけられ」ているのである(CI: 126〔一二八〕)。

それゆえ、パロディは真面目でなくはないどころか、ときとして「深刻きわまりないものである」。なぜならパロディは、当の相手と同じ資格を要求することはできないが、さりとて、相手の傍らにみずからが存在してしまうのを否定することもできないからである（CI: 122［一二一］）。アガンベンはここでも、たえず「閾」に身を置くみずからの立ち位置をそれとなく暗示しているように、わたしには思われる。

とするなら、対象への接近不可能性を大前提――それこそ『スタンツェ』以来のモットーである――とする彼の註釈は、すべからくテクストの「パロディ」であるとみなすこともできるだろう。「異言（グロッサ）」によって「註釈（グロッサ）」の「傍ら（パラ）」で戯れること。だがそれは、モランテの作品がそうであるように、なんという「真面目なパロディ」であろうか。

6

ところで、一九九〇年代に入って、政治的・法的な著作へと相対的にシフトしてからも、註釈というそのスタイルは根本的に変わってはいない。『ホモ・サケル』も『例外状態』も、基本的には、古今の有名無名の関連テクストを註釈するという形式をとっているのである。すぐれて政治的・倫理的なテーマを扱った『アウシュヴィッツの残りのもの』でさえ、「証言にたいする終わりのない註釈」（QRA: 9［一〇］）と称される。ただし、そこに何らかの変化が認められるとするなら、それは、フーコーの影響がいっそう色濃くなっているという点にある。

このことについて、アガンベン自身、人文科学の方法論について論じた『事物のしるし』において、その冒頭からいきなり、自分は「近年、彼から多くを学びとる機会を得た」、と告白している（SR: 7［九］）。ずいぶんと真摯で謙虚な書き出しである。事実、とりわけその名を一躍世界中にとどろかせるきっかけとなった著書『ホモ・サケル』（一九九五年）以来、アガンベンがさまざまなかたちで問いつづけている一連のテーマは、「生政治」や「生権力」にせよ、「主権」にせよ、「統治性」にせよ、「装置」にせよ、いずれも基本的にフーコーがひとつの起点となっているものである。このことはすでに周知のところであろう。つまり、アガンベンにおける政治的転換には、フーコーが——シュミットとともに——大きな役割を演じているのである。

とはいえ、これまでにも指摘されてきたように、アガンベンはけっしてフーコーの忠実な読者というわけではない。それゆえ、イタリアの後輩はフランスの先輩を「誤解」している、「曲解」している、「利用」している等々、といった批判がしばしばなされてきたのも理由のないことではない。そうした批判は、当たっているとも言えるし、そうでないとも言える。なぜならアガンベンは、フーコー的な装置のうちに居座ろうとするのではなくて、文字どおりそこを起点にして、さらなる展開や練り上げの可能性を探ろうとしているからである。とするなら、ずれや亀裂をともなうことは必至である。むしろ、そのずれにこそ意味があるとも言えるだろう。

もちろん、アガンベン自身がこれまでそのずれをあえて自覚的に実践してきたわけだが、このことは、何よりも「方法」それ自体を——真っ向からというよりも斜めから——論じた『事物のしるし』においていっそう際立ってくる。たとえば、フォイアバハの「発展可能性」という概念について触れつつ、やはり冒頭から次のように宣言される。「作品の著者に属するものと、それを解釈し発展させる者に帰されるものとの差異は、本質的であると同時に捉えがたいものになる」(SR: 8［一〇］)。

このセリフは、見方によっては都合のいい自己弁明のようにもとれなくはない。が、かくのごとき忠実なる不実者、あるいは不実なる忠実者、それこそまさしくアガンベンの註釈という身振りにほかならないのだ。文は人なりと言うが、わたしが思うに、むしろ方法こそ人なりと言うべきであろう。そしてアガンベンの場合、それがもっともよく当てはまるのではないだろうか。著者はじめての回顧録『書斎の自画像』において、彼はみずからをいみじくも「エピゴーネン」と呼んでいるが、それはこうした意味において捉えられねばならないだろう。

さて、もしそうだとするなら、『事物のしるし』において検討されている三つの方法論的カテゴリー——パラダイム、しるし、考古学——に関してはどうであろうか。ここで念頭に置かれているのは、どちらかと言うと生政治よりもエピステーメーにかかわるフーコーの初期の仕事である。すなわち主に、『言葉と物』(一九六六年)と『知の考古学』(一九六九年)である。だがもちろん、それだけではない。およそアガンベンの主著のすべてがそうであるように、古代から中世にまでさかのぼって、それぞれのカテゴリーの系譜がたどられていくのである。

とはいえ肝心なのは、アガンベンがそれらからいかにずれようとしているのか、そしてそうすることで、いかなる「発展可能性」をそこから引き出そうとしているのか、ということである。ここでは「パラダイム」に注目しておこう。

7

アガンベンはまず、一九六〇年代にこの「パラダイム」という用語にふたたび光を当てたトーマス・クーンとフーコーとを比較し、両者の差異を浮かび上がらせる（SR: 14-18［一四―二四］）。すなわち、前者がいまだ認識論の次元にとどまっているのにたいして、後者は政治的力学の場へと移行させたとして、フーコーをより高く評価するのである。そして、読者に息もつかせぬまま、突然踵を返すかのようにして、アリストテレスにわれわれの注意を向けさせる（そのアナクロニスティックとも言える身振りは、「ビオス」と「ゾーエー」をめぐる『ホモ・サケル』冒頭の展開にも比することができるだろう）。

そこで明らかにされるのは、アリストテレスにおいてパラダイム（範例）が、普遍と個別、あるいは全体と部分との関係ではなくて、あくまでも個別（部分）と個別（部分）との関係の問題である、という点である。その意味で、パラダイムは、帰納や演繹とは異なる「第三のパラドクシカルな運動」をなしている（SR: 20-21［二八―二九］）。
パラダイムが実は、部分と部分との関係性の問題であることは、すでに一九九〇年の『到来する共同体』においても強調されていた。早くからアガンベンは、クーンと異なるのはもちろんのこと、フーコーともややずれる道を探っていたのである。その「範例（エゼンピオ）」と題された章に以下のようにある。

個別でも普遍でもなく、範例は、特異な対象であり、そういうものとしてみずからを与え、自己の特異性を示している。そしてここにこそ、ギリシア語の範例という語が表現している含蓄があるのだ。すなわち、「パラ‐デイグマ」、「傍らに示されるもの」、ということである（それはちょうどドイツ語の「バイ‐シュピール」、「範例＝傍らで遊ぶこと」と同じである）。（CHV: 8）

「パロディ」の場合と同じように、ここでも「傍ら」で「示す」こと、「遊ぶ」ことが重要なのだ。それゆえアガンベンによれば、パラダイムの真の性格が把握できるのは、「アリストテレスのテーゼを根源的におしすすめ、パラダイムが個別と普遍の二元論的な対立を問いなおしていることを認識するとき」なのである（SR: 21［二九］）。

かくして、カントの美的判断、プラトンにおけるイデアと可感的なものとの関係（をめぐる哲学史家アドルフ・ゴルトシュミットの議論）、ヴァールブルクの「ニュンフ」等々と、知の時空を自在に往復しながらアガンベンは、最終的に、パラダイムを特徴づける六つのテーゼを導き出す。それが『事物のしるし』の第一章「パラダイムとはなにか」の末尾に列挙されているもので、この著者にしては珍しく明晰にして簡潔に要約されている。

これを読むとき、われわれは、アガンベンがこれまでそのコーパスのなかで提示してきたさまざまな操作概念、「ホモ・サケル」、「回教徒」や「強制収容所」、「包摂的排除」や「オイコノミア」等が、長くて広い時空のスパンのなかで、それまで歴史家の眼差しを逃れてきた一連の現象の類縁性を理解できるようにするための「パラダイム」として機能していたことに、あらためて気づかされるのである。

それゆえ、これまで多くの哲学者たちを悩ませてきたアポリア、たとえば「解釈学的循環」も、アガンベンによれば、「パラダイム的循環」として読み換えられるべき問題であり、そのかぎりにおいて、「「単独の現象」と「全体」の二重性があるので」も、「「まえ」と「あと」、先取と解釈の循環性があるのでもない」ことになる。真の問題は、全体の認識と個別の認識のどちらが優先あるいは先行しているのかという点にあるのではなくて、個別間の「範例的な布置のうちにあるのだ」（SR: 29［四二］）。こうして、解釈学がはらむ二重のアポリア――部分か全体か、先取りか後づけか――は、うまいことにエウポリアへと転倒されるのである。

この章の最初にわたしは、アガンベンの註釈や引用の連なりが、どこかシュルレアリスム的な手法にも通じるものがあると述べたが、これにさらに、モンタージュ的という形容をくわえてもいいだろう。多種多様なテクストの「パラ（傍ら）」で真面目に「遊ぶ」その註釈にして異言は、どこか写真や映画のモンタージュの手法を連想させるところがあるように思われるのである。もしくはパラタクシス的という形容も可能だろう。それはまた、ヴァールブルクやベンヤミンとも共鳴する手法である。アガンベンにおける註釈および文献学は、『幼児期と歴史』のなかの表現を借りるなら、「歴史をクロノロジーと機械論的な図式から救済する」という任務を帯びているのだ（IS: 152［二四七］）。

あるいはたしかに、映画それ自体からの影響も考えられるかもしれない。とりわけドゥボールやジャン＝リュック・ゴダールに特徴的な反スペクタクル的な映画を、アガンベンは、「イメージと意味のあいだの引き伸ばされたためらい」および「反復と中断の潜勢力」として、さらにはベンヤミン的な弁証法的イメージとして、つまりはカイロロジー的なものとして、ひじょうに高く評価するのである（IM: 87-96）。というのも、映画のメディウムとナラティヴの形式とが、そこにおいて連続することなく分裂しているがゆえに、新たなる思考が立ち上がってくるからである。それはまた、詩における中間休止やアンジャンブマンの機能にも比されるものである。

このように、フーコーのパラダイム的な方法論を徹底化すると同時に拡大解釈もするアガンベンの「註釈＝異言」は、それゆえに厳しい批判にもさらされている。たとえばラクラウによれば、このフーコーの後輩は、ある用語の語源学や制度の系譜学から一気に時間を飛び越えて、突然、それらが現実にいかに働きかけてくるかに話を飛躍させてしまう、と苦言を呈する(Laclau 2007)。だが、その弱みは強みへと、アナクロニーはアクチュアリティへと確実につながっている、とわたしは考える。

かくして、独特のパラダイム的手法によってアガンベンが浮かび上がらせてくる「範例的な布置」は、いまだかつて誰も見たことがないような様相を呈することになる。パラダイムとしての「ホモ・サケル」が、「回教徒」が、「例外状態」がまさにそれである。そしてそこにこそ、アガンベンの最大の魅力があるのだ。

8

最後にもういちど、いわゆる「解釈」とアガンベンの「註釈」との差異に触れて、本章を終えることにしよう。一九七〇年代以降、ポスト構造主義と脱構築主義の潮流にあって、一世を風靡したのは、テクストの外には何もない、テクストの解釈はあくまでも多義的にして相対的、つまりは決定不能なものであるといった、いまや人口に膾炙したお題目である。アガンベンは、これにたいしても、一貫して批判的な立場をとりつづけてきたのである。

『ホモ・サケル』では、前にも触れたカフカの「法の前」をめぐって、脱構築の大御所デリダの解釈が名指しで非難されている。開いているにもかかわらず、その門のなかにいつまでも入ろうとはしない主人公の男のうちに、デリダは、決定不可能性の象徴を読み取ったのだった。

これにたいしてアガンベンは、脱構築そのものが法との無限の交渉に陥り、禁止するのでもなければ許可するのでもないという、「締め出し」の構造を自作自演することになりかねない、と批判するのである（HS: 55, 62-63［七五、八二―八三］）。つまり、言い換えるなら脱構築は、主権的な例外状態や剝き出しの生を生産してきたのと同じような政治的圏域に、あくまでもとどまったままだ、というわけである（Wortham 2007）。デリダにたいするアガンベンの両義的な関係については、ここまでわれわれも何度か触れてきたが、さらなる解明が必要となるだろう。また、両者を突き合わせてみることは（デリダによる手厳しいアガンベン批判も含めて）、現代思想にとって新たな議論の磁場を提供することになるかもしれない（岡田 二〇一四、二〇一八a、二〇一八bを参照）。

一方、『残りの時』でもアガンベンは、その結末で、「作品はあらゆる瞬間に無限の解釈の対象となりうる」という、解釈の多義性と相対性を助長する思想の傾向を、ベンヤミンに依拠しつつ暗に批判している。「逆に、ベンヤミン的な原則が前提とするのは、以下のことである。すなわち、あらゆる作品、あらゆるテクストは、それらがある特定の時代に属するということを示すばかりか、ある特定の歴史的瞬間に解読可能となるということをも表現するしるしを内包している、ということである」(TCR: 134-135〔一三四―一三五〕)。過去のテクストには、それが解読可能となり、輝きを放つ「いま」という瞬間が存在するのだ。註釈者の――メシア的――使命は、その未完の過去を救い出してきて、完結させてやることである。

ベンヤミンからのこの教訓は、アガンベンのなかで、フーコーにおける「アクチュアリティの存在論」と深いところで共鳴している。『同時代人とは何か』から引用しておこう。「ミシェル・フーコーが次のように書いたとき、同様のことを念頭に置いていたにちがいない。すなわち、過去に関する自分の歴史的探究は、現在についての理論的問いかけによってもたらされた影にほかならない、と。同じくヴァルター・ベンヤミンも、こう書いた。過去のイメージを保管している歴史の索引が証言しているのは、歴史の特定の瞬間にのみそれらイメージが読みうるものとなるということだ、と」(CCC: 24-25)。まさしくこの信念にこそ、アガンベンが過去のテクストにそのつど立ち向かい註釈を試みる現代的な意義が潜んでいると言えるだろう。

10　生 - の - 形式　forma-di-vita

1

一九九五年の『ホモ・サケル』は次のように締めくくられていた。「みずからの剝き出しの実存でしかないこの存在、みずからの形式にしてかつ形式から分離できないままのこの生を、生 - の - 形式と呼ぶとするなら、われわれは、政治と哲学、医学 - 生物学と法学の交差によって定義される研究領域の彼方にある研究領域が開かれるのを見るだろう」、と（HS: 211［二五五］）。そして実際、さらに神学と経済学をも巻き込んで、それらの「彼方にある研究領域」を切り拓いてきたのが、およそ二十年をかけて積み上げられ、合計九冊の著作としてまとめられた――あるいは本人の言では「放棄された」――「ホモ・サケル」計画であった。それゆえ、この一大プロジェクトそのものが、「生 - の - 形式（forma-di-vita）」をめぐって展開されてきたといってもおそらく過言ではないほどだ。いみじくも「放棄された」と明言されている、シリーズ最後となる二〇一四年の『身体の使用』の第三部は、まるごとこのテーマに捧げられているのだ。とはいえ、一気にここへと飛ぶことは控えて、この鍵概念がたどる道筋を追っておこう。

そもそも、「vita」と「forma」との分かちがたさを示すために、両者をつなぐ前置詞「di」とのあいだにそれぞれ短いスラッシュを入れてつづられる「生-の-形式」(邦訳では〈生の形式〉という表記が定着しつつあるようだが、ここでは原語により近いかたちを採用しておきたい)とはいかなるものなのだろうか。「みずからの形式にしてかつ形式から分離できない生」とは、いったいどのようなものなのだろうか。生と形式とが一致するとは、どういうことなのだろうか。すぐに連想されるのは、人口に膾炙した「ライフスタイル」という言葉かもしれないが、これがアガンベンの思い描いているものでないことは、容易に想像がつく。なぜならこの語は、ほかでもなく消費経済とスペクタクル社会の申し子にすぎないのだから。

実は『ホモ・サケル』より前にも「生-の-形式」は登場していた。ずばりこれをタイトルにもつ一九九三年の論考(MSF: 13-19［一一―二二］)がそれである。まずはこれから検討しておくのがいいだろう。アガンベンにしては珍しくマニフェストのような形式で書かれたこの論考において、「生-の-形式」は、いろいろな表現で言い換えられている。生の可能性にして潜勢力、幸福へと向けられるという意味での政治的な=ポリスの生、「剝き出しの生」を生産してきた権力によるゾーエー/ビオスの分割に抗う生、などと。

わけても、「生 - の - 形式」が固く結びついているのは、「思考するという純粋な潜勢力の経験」であり、あらゆる人に共通にそなわるこの思考の潜勢力ゆえにこそ、「生 - の - 形式」は、個人を超えて集団の生として構成されうるという。ここでアガンベンは、個と集団を結びつける操作子として、以下の三つの概念を導入してくる。すなわち、①アヴェロエス（主義）における単一にして永遠の「可能知性」、②これを思考の潜勢力そのものに内在する「多数性（マルチチュード）」として読み換えるダンテ（『帝政論』）、そして、③社会的協働に属するかぎりでの人間の潜勢力の総体としてのマルクスの「一般知性」である（ここではもちろんネグリの存在が意識されている）。

いずれにしても、「生 - の - 形式」は個人の問題というよりも、個人を超える共通の力にして経験であり、思考の共同の形式とみなされる。それはまた、非人称的な力であり、受け入れる力としての「受動性」でもあるだろう。

一方、「誰であれ」「何であれ」の存在「クオドリベト」から出発する一九九〇年の『到来する共同体』（CHV: 27-29〔三九—四四〕）では、いまだ「生 - の - 形式」という語は登場していないものの、類似のテーマは、「発生状態にある存在」として、「本質でも実存でもなく、発生のマニエラ」とも呼び換えられ、われわれを自体的に基礎づけるのではなく、いわば非自体的に生み出す様式として捉えられている。というのも、非自体的なもの、非人称的なもののうちにこそ、共同性の基礎が据えられるからである。さらに興味深いのは、「様態（modo）」や「マニエラ（maniera）」といった語が、形式やスタイルとほぼ同義で使われていることで、これは『身体の使用』の重要な論点——「様態的存在論」や「スタイルの存在論」——を先取りし予告するものでもある。

一方、二〇〇一年に『到来する共同体』が再版された際、最後に新たに「傍注」が加えられていて、そこにあらためて「生‐の‐形式」が登場することになる。その部分を引用しよう。

> 本書において決定的な問いは、「何をなすか」ではなくて、「どのようになすか」である。存在することはこんなふうにほど重要ではない。無為は怠惰を意味するのではなくて、カタルゲーシス（不活性にすること）を意味する。すなわち、どのようにが全面的に何をに取って代わるような行為である。ここにおいて、形式なき生と生なき形式とが、生の形式において一致する。（CHV: 91-92［一四七］）

やはりどこか禅問答的な響きを帯びているが、「形式なき生」はゾーエーに、「生なき形式」はビオスに対応すると考えられる。ここで要点は二つある。まず、ゾーエー／ビオスの線引きを無為にする（不活性にする）こと。そして生において、「何（che）」よりも「どのように（come）」が、英語でいうなら、疑問の代名詞 What ではなくて、様態にかかわる副詞 How のほうがより重要だ、というのである。

2

では、ゾーエー／ビオスの分離装置が作動するとどういうことが起こるのか。それを暴き出そうとしたのが、ほかでもなく『ホモ・サケル』とこれにつづく『アウシュヴィッツの残りのもの』であった。そしてそこに出現するのが、主権権力による締め出しによって作り出される極端な生のかたち、つまり「剝き出しの生」や「ホモ・サケル」や「回教徒（ムーゼルマン）」である。それゆえアガンベンにおいて、「生-の-形式」の練り上げは、主権や例外状態、生政治などをめぐる考察と同時に進行していったものである。このことはここであらためて確認しておく必要があるだろう。

これまでも見てきたように、こうした分割線は、存在論や倫理から法や政治にいたるまで、西洋の歴史においてネガティヴな前提条件としてつねに働いてきた。かりにその分割線をより研ぎ澄ますとしても、どちらにも属さない残余が生み出されるのは必然である。あるいは、どちらか一方の極を優先するとしても結果は惨憺たるものになるだろう。たとえ本質より実存を、ビオスよりゾーエーを、ノモスよりアノミーを、人間より動物を優先させるとしても、つまるところ分割機械をいっそう活性化させるに終わるだけだろう。

それゆえアガンベンにおいて提起されるのが、マイノリティの復権というかたちをとることがないのと同様に、主権の転覆や権力の奪還という発想もまたありえない。かりに転覆や奪還が起こるとしても、なお主権権力による線引きの暴力と例外状態の産出は残りつづけるからである。分割機械を働かなくさせること、無為なものにすることという、この哲学者特有の身振りもそこに起因する。「人間の幸福」あるいは「幸福な生」と同義でもある「生 - の - 形式」は、それゆえ無為の戦略とも切り離すことができないのだ。

この意味において、「ホモ・サケル」計画の後半に発表された三つの著作、『オプス・デイ――任務の考古学』、『いと高き貧しさ――修道院規則と生の形式』と『身体の使用』は、それまでのものにも増して強いつながりで結ばれている。ここにおいて主たるテーマとなるのは、当為や命令からの存在論の解放であり、(所有に代わる)「使用」であり、「様態的存在論」であり、さらにそれらの交点に位置する「生 - の - 形式」である。事実、浩瀚な『身体の使用』の最後を締めくくる第三部にはこのタイトルが冠されているのである。いずれも安易な要約は慎まねばならないが、アガンベン哲学がそこに向かっているといっても過言ではない「生 - の - 形式」が目下のところ問題となっている以上、かいつまんでそれぞれの要点を確認しておく必要はあるだろう。

『到来する共同体』と論文「生 - の - 形式」において、共同の生は世俗的な様相を呈していたのだが、『いと高き貧しさ』では一転、場面は、まるでかつての『スタンツェ』に回帰するかのように、中世のキリスト教世界、それも修道院へと移ってくる。すなわち、アッシジのフランチェスコによって創設された修道会のうちに、「分離できないまで密接に形式に結びついた生」の可能性が探られていくのである。この展開には、すでに述べたように、とりわけ二〇〇〇年の『残りの時』から顕著となるアガンベンの神学的転回とともに、ネグリおよびアウトノミア運動との完全な決別という動機が考えられるだろう。

余談かもしれないが、あえて付言しておくなら、共同の思考と生の導き手として先の論文で挙げられていた三つ巴、アヴェロエス—ダンテ—マルクスのうち、二〇〇四年の論考「人間の働き」になるとマルクスの名前が消えているのである。その理由は明示されているわけではないが、アガンベンがここで、アリストテレスから出発して「人間の無為に対応する政治」を思考しようとする以上、「労働や生産を強調することは避けて」いるのだろう。そのうえで思い描かれるダンテ的なマルチチュード、つまり個人を超えた思考の共同性とは、「あらゆる働きにおいて自体的な無為・潜勢力を露呈することのできる働きの形象である」、とされる(PP: 376[四五九])。

とすると、マルクスに代わってアッシジのフランチェスコの名前が呼び出されてきたと言えるかもしれないが、もちろんそれほど単純な話ではないだろう。『いと高き貧しさ』に戻ろう。フランチェスコ修道院における生のあり方が、アガンベンにとって重要なモデルになるとすれば、それは、そこにおいて生が会則に従属するのでも、会則が生を規制するのでもなく、両者はあるがままに一体化し、生の形式とルールの形式とが不可分の関係になっているからである。このような会則のあり方は、たとえばローマ法の伝統とはまったく異なるもので、会則と法権利とは混同されてはならない（AP: 38-42［八〇―八三］）。つまり肝要なのは、外から押しつけられた法ではなくて、生きることに内在する法の問題であり、法に従属する生ではなくて、生きることがみずからの法であるような生の形式である。

しかしながら、またこうも診断される。「ひとつの「生-の-形式」が、その実現に辛抱強く近づきながらも、それでいて頑として果たされることはなかった」、と（AP: 8［二］）。つまるところ、フランチェスコ修道会の理想は頓挫した、というのである。この一文は、本書の冒頭の「序文」に置かれているのだが、おそらくいちばん最後に書かれたであろう「序文」で、著者は、結論をあらかじめ先取りしているのである。

では、なぜ「果たされることはなかった」のか。その理由を探るのが、実のところは本書の真の狙いである。あえて単純化して述べるなら、アガンベンの答えはこうである。すなわち、フランチェスコ修道会——とりわけ創設者である聖フランチェスコの教えに忠実であろうとした聖霊派（スピリトゥアーリ）と呼ばれる一派——は、所有や私有を放棄して「貧しい使用」を理想に掲げ、それが彼らにとって「生‐の‐形式」ともなったのだが、教皇ヨハネス二十二世（在一三一六—三四）による聖霊派の徹底的な弾圧によって完全に頓挫させられてしまった。このとき教会は、所有なき使用はありえないことをはっきり宣告した、というわけである。

　さらにアガンベンは周到にも、以下のように付け加えることも忘れていない。いわく、「ヨハネス二十二世は、使用と消費をきっぱりと対置させることで、何世紀も後になって消費社会において実現されることになる、使用することの不可能性のパラダイムを無意識のうちに予言して提供している」、と（AP: 160［一七四］）。近代の消費社会の遠い発端は、所有にたいして使用を徹底的に格下げしたこのときにあった、というのだ。

　アガンベンにとっておそらく聖フランチェスコは、「ホモ・サケル」でもありメシアでもあるのだが（事実、メシア論『残りの時』にその名が登場する）、本書の結びはどこか悲観的な調子すら帯びているように思われる（やや皮肉を込めて、アガンベンの議論それ自体が「フランチェスコ的存在論」であると形容されることもある［Chiesa 72-81］）。そして本書は次のように締めくくられるが、ここにもまた悲観的な調子が響いている。

　フランシスコ会士の生の形式は、そのあとでは、もろもろの生きる様態（modi vivendi）

を歴史のなかにさまざまに分配することがもはや不可能になるような、すべての生の極限（finis omnium vitarum）、究極の様態（modus）なのである。「いと高き貧しさ」は、そこにおける事物の使用とともに、西洋のすべての生の形式が歴史的に使い果たされたときにはじまる「生 - の - 形式」なのだ。（AP: 175［一九三］）

要するに、中世の修道会が希求した共同性は、いわば生の形式の限界点なのだ。とすると、フランチェスコとともにアガンベンの「生 - の - 形式」もまた座礁してしまった、ということなのだろうか。結論を急いではいけない。まだその思考と執筆は継続しているのだから。

3

『いと高き貧しさ』とある意味で対をなすと言えるのが、ほぼ同時に上梓されている『オプス・デイ』で、ここで大きな役割を演じているのは、アウグスティヌスを筆頭とする初期キリスト教時代の教父たちである。一方で、修道士たちが会則を義務や強制としてではなく、生そのものの形式——もしくは存在様態——として引き受けようとしたとするなら、それとは対照的にローマ教会は、とりわけアンブロシウスやアウグスティヌス以来、秘蹟や典礼の制度を練り上げることで、もっぱらそれらの任務や実効性、効果や有為性のほうに重きを置いてきた。その経緯を手繰り寄せる、というのがこの本の主眼である。

その動機はいまや明らかであろう。というのも、潜勢力と無為の観点から「生 - の - 形式」を思考しようとするなら、義務や命令の重みからあらかじめ自由になっておく必要があるからだ。

アガンベンによれば、西洋の存在論は伝統的に義務や命令に縛られてきた、あるいはそれらと混同されてきた。つまり、「〜である」と「〜であれ」とは、ほとんど切り離しえないものとみなされてきた。というのも、キリスト教における聖務の実効性や有為性が両者の根底に横たわっているからである。たしかに、イタリア語の「ウッフィーチョ（ufficio）」（英語のオフィース）には、「聖務」や「祭式」とともに「義務」や「任務」という意味があり、ラテン語の「オフィキウム（officium）」に語源がある。さらにそれは『言語活動の秘蹟』でも分析された言表の行為遂行性とも深くかかわっている。これらはこうして、初期キリスト教の時代よりこの方、存在と当為とはよきカップルでありつづけることになる。

たとえば、カントの倫理学における定言命法は、命令の存在論の究極の練り上げだが、その原点は、聖務において命令の存在論と有為性の存在論とが密接に結びついている点に求められるのである。いかにもアガンベンらしい言い回しでたとえばこう述べられる。「ここにおいて明らかなのは、「〜でなければならない」という観念は、ただ単に倫理的なだけでも、存在論的なだけでもないということである。それはむしろ、フーガの音楽的構造のうちで、存在と実践とをアポリア的に結びつけているのだ。ここにおいて、行動が存在を凌いでいるとすれば、それは、単に行動が存在につねに新たな命令を与えるからばかりではない。同時にまた、存在それ自体が、純粋なる義務よりほかの中身を持たないからである」（OD: 124［一九六］）。かくして存在（の存在論）と命令（の存在論）は、終わりのないフーガのように互いに追いかけ合い絡み合うことになる。

さらに、「当為はカント倫理学において、ヌーメノンと物自体が形而上学において果たす役割と一致している」。「カントによってなされた「コペルニクス的転回」は、客体に代えて主体を中心に据えたこと――とはいえ、実は二つの役目は分離できない――よりもむしろ、本質の存在論に代えて命令の存在論を打ち立てた点にある」、とも診断される（OD: 139-140［二二二］）。カントを受けるようにしてハイデガーもまた、『形而上学入門』において、存在と当為は区別されるとしても、当為は存在の外からもたらされたのではなくて、存在そのものに由来する、と述べたのだった（OD: 135［二一五］）。

このように、「聖務」の政治学と命令の存在論とは密接につながっているのだが、この糸を断ち切ること、存在論から当為を切り離すことは、アガンベンにとって、来るべき政治哲学を思考するうえで重要な課題となる。かくして『オプス・デイ』は以下のように締めくくられる。「来るべき哲学の問題は、有為性や命令の彼岸で存在論を思考するということ、義務や意志という概念からすっかり解放された政治学を思考するということである」(OD: 147 [二三二])。

ちなみにこの問題意識は、「ホモ・サケル」計画以降に上梓されている近著のなかに受け継がれていく。たとえば、二〇一七年の『カルマ——行為と罪と身振りについての小論』や二〇一九年の『王国と楽園』において、いずれもアウグスティヌスらのテクストを丹念に読み込みながら、順に「意志」と「原罪」のテーマが系譜学的でかつ批判的に検討されている(詳細は刊行予定の後者の翻訳と、これに付けた拙論「異端者としてのアガンベン」を参照願いたい)。

4

さて、成就されなかったフランチェスコ修道会の共同の生をめぐる反省的考察を踏まえ、さらに義務と命令の存在論からも自由になって、アガンベンが「ホモ・サケル」計画の最後に帰ってくるのが、この計画の出発点「生 - の - 形式」である。先述のように、『身体の使用』を締めくくる第三部はまさしくこの語をタイトルに冠しているのだ。

とはいえ本書は、これまでとはやや異なる印象を受ける。修道院的な「生 - の - 形式」に限界を見たからであろうか、『身体の使用』では、一見したところ「共同の生」の側面が後ろへと退いているように思われるのである。『到来する共同体』でも顕著なように、それはこの哲学者の積年のテーマだったはずなのだが。それに代わって本書で最初からクローズアップされるのは、より私的なテーマに結びついているもの、すなわち、フーコーが晩年に行きついた「自己への配慮」であり、年来の友人であった映像作家ギー・ドゥボールの「内密の生」であり、さらにさかのぼってハイデガーにおける現存在の「気遣い（配慮）」なのだ。

だが、ここでもやはり早合点は禁物である。三部から構成される『身体の使用』は、最後の「生-の-形式」の前に、第一部が「身体の使用」、第二部が「存在の考古学」と銘打たれ、年来のテーマである「使用」と「様態的存在論」が再検討されているのである。ここまで見てきたように、この二つはアガンベンにとって「生-の-形式」と切り離しえない問題でもあった。

まずアガンベンは、フーコーやハイデガーにおける「配慮」を「使用」に置き換えようと提案する。つまるところ「自己とは自己の使用以外の何ものでもない」、というわけだ（UC: 86［一〇二］）。だが、もちろんそれは、他者のためであれ自分のためであれ、自己を目的論的に利用することを意味するわけではない。アガンベンは「使用する（クレスタイ）」がギリシア語において、能動態でも受動態でもなく、中動態であった点にわれわれの注意を促す。ここでも彼は、誤解を招きかねないことを覚悟のうえで、あえて古代の奴隷の例から説き起こし、主人が奴隷を使うことは、すなわち奴隷が主人を使うことでもあると述べる。

それゆえ、使用において、主体と客体という区別は無効となり、わたしと他者、人間と世界とは、絶対的で相互的な関係に置かれる。たとえば、まずもって言語の使用がそうであるように、「使用」は、使用するものと使用されるもののあいだに不分明の領域を開くのだ。わたしが言語を使っているのか、それとも言語がわたしを使っているのか（あるいは同じことだが、わたしは言語に使われているのか）、両者は区別不能で、そのいずれでもありうるように。「生 - の - 形式」とは、この「自己の使用」に与えられた別の名前でもあるのだ。これはまた、それを使うことも使わないでおくこともできる、われわれの潜勢力の「もちよう」の問題でもある（UC: 78-96［九二―一一九］）。

とはいえ、目的論に縛られない自由な「自己の使用」とはいかなるものでありうるのか。それはつまるところ一種の独我論にすぎないのではないか。事実、そうした批判がすでに上がっているが（Lucci: 84-87）、このことはたとえば、次のような言い回しからも観取されるかもしれない。われわれが「生 - の - 形式」と呼ぶものは、「個人が存在のうちにあって自己自身を証言し、存在が個人の身体のうちにあって自己自身を表現するさいの様態を名指している」（UC: 297［三九一］）。だとすると、これは、『到来する共同体』からの後退にほかならないのではないか。フランチェスコ会の「失敗」がそこに影を落としているのであろうか。

いずれにしても忘れてならないのは、われわれの哲学者があくまでも「使用」にこだわり抜くとするなら、それは「使用」が、所有や我有化、支配や権威、生産性や有為性とは別の次元で思考することを可能にするからだ。晩年のフーコーを独自に解釈しながら、アガンベンは、「自己の配慮はそこで自己の脱所有と放棄に場を譲っている。そしてそれはふたたび使用と混然一体となっている」、とさえ述べている（UC: 60［六九］）。

ところで、ここで読者の皆さんからは、コンテンツを所有することも破壊することもなく使用できるインターネットについてはどうなのだろうか、という疑問が返ってくるかもしれない。その答えも『身体の使用』にはちゃんと用意されていて、おそらく皆さんの予想どおり、アガンベンの答えはあくまでも否定的である。アヴェロエスの「可能知性」やダンテの「マルチチュード」と対比しながら、「あらかじめ構成された社会的な知」としてのネットは、「潜勢力の経験を欠いた」ままの思考にとどまるというのだ（UC: 271［三五五］）。これには異論があるかもしれないが、ネットが画一性と扇動性に結びつきやすいことは、われわれもまた数々の機会で経験しているところであろう。とはいえ、あえて機械嫌いの哲学者がネットに言及したとするなら、おそらくそれは、マルチチュードの形成におけるこのメディアの役割を積極的に評価したネグリのことが念頭にあったからである。

5

一方、「ホモ・サケル」計画が、政治を存在論に接続させる試みでもあったことは、われわれも最初の章で確認したとおりである。存在論への関心は、もちろんハイデガーからの影響抜きには考えられないが、その「ハイデガーの存在論との対決」がはっきりと打ち出されてくるのが、『身体の使用』なのである。

ここでアガンベンは、アリストテレスの『カテゴリー論』を嚆矢として、存在論がつねに分裂を出発点としてきたことに、われわれの注意を喚起する。たとえば、第一ウーシアと第二ウーシア、本質存在と現実存在、存在すること (quod est) と存在するもの (quid est)、存在と存在者、などといった具合である。いわく、「決定的なことは、西洋哲学の伝統において存在は、生と同様に、つねにそれを横断する分裂から出発して問われているということである」(UC: 155 [一九四])。アガンベンはこれを、存在論的装置と名づける。ちなみに「生と同様に」というのはもちろん、同じくアリストテレスにさかのぼるゾーエーとビオスの分裂のことが念頭にあるからである。存在論の根底にあるこの線引きをいかに思考し乗り越えるか、「生 - の - 形式」はその先にふたたび垣間見えてくるのである。

この存在論的装置にある種の揺らぎが認められるのが、実のところハイデガーである。イタリアの後輩はいみじくもこう喝破する。すなわち、最後の哲学者において、存在と存在者との関係は必ずしも一義的ではない、というのだ。もう少しアガンベンの議論に付き合っておこう。たとえば、『形而上学とは何か』の第四版（一九四三年）の「後記」と第五版（一九四九年）のそれとのあいだに見られる異動は象徴的である。すなわち、前者では「存在は存在者がいなくてもたしかに存在する」とされるのにたいして、後者では「存在は存在者がなくてはけっして存在しない」とされている。『哲学への寄与論考』でも、「存在者にもとづいて、存在者を目標としつつ、存在を存在者の存在として思考すること」とあるように、むしろ存在にたいする存在者の優位が措定されている。

こうした存在と存在者との分裂および優位性の揺らぎを、アガンベンは「存在論的装置のアポリア」と呼ぶが、そのアポリアから抜け出る道を、『到来する共同体』以来注目してきた「様態（modo）」という用語法のうちに探ることになる。そこで新たに提唱されるのが「様態的存在論（ontologia modale）」という概念である。

問題が解決されるのは〔……〕それが様態的存在論のかたちで提起される場合である。〔……〕存在と様態のあいだの関係は、同一でもなければ差異でもない。なぜなら、様態は同一でもあれば相違してもいるからだ。〔……〕われわれは実体論的な仕方で思考することに慣れ親しんできた。だが、様態はその組成からして副詞的な性質を有しており、存在とはそもそも「何であるか（che cosa）」ではなくて、「どのようであるか（come）」を表現しているのだ。（UC: 214［二七五―二七六］）

肝要なのは「何を」でなくて「どのように」であるという年来の主張が、こうして確認されていく。さらに、ここにおいて重要な補助線として要請されてくるのが、スピノザの『エチカ』（畠中尚志訳）であり、そこで論じられる「様態（modus）」と「努力（conatus）」という鍵概念である。たとえば第一部「神について」には次のようにある。「個物は神の属性の変状（affectio）、あるいは神の属性を一定の仕方で表現する様態（modus）に他ならない」（定理25系）。この定理に、有名なもうひとつの定理18「神はあらゆるものの内在的原因であって超越的原因ではない」を掛け合わせると、様態とは実体（substantia）の変状であり、それゆえ実体と様態とはすぐれて内属的な関係にあることになる。各々の様態は神性の変容と限界にほかならないわけだが、存在論的に神性より劣っているというわけではない、と言い換えてもいい。

さらに「努力、傾向、要請」などと訳される「コナトゥス」に関連してアガンベンは、同じく『エチカ』第三部「感情の起源および本性について」から、とりわけ定理7「おのおのの事物が自己の存在に固執しようと努める努力（conatus）は、その事物の現実的本質にほかならない」に着目する。また、動詞「コノール」が「クレスタイ」と同様に中動態であることを確認したうえで、欲し要請する存在は、要請するなかで、自分自身を変化させ構成する、それこそが「自己の存在に固執する」ということであると、註釈を加える。

様態的存在論は中動態的存在論としてのみ把握される。そしてスピノザの汎神論は、たとえそれが汎神論であるとしても、不活性な同一性ではなく、そのなかで神が自分自身を触発し、変化させ、表出するところのひとつの過程なのである。（UC: 215［二七七］）

つまるところ、存在とは存在様態のことであり、「存在はもろもろの様態に先立って存在するのではなくて、形状を変化させながらみずからを構成するのであり、それのもろもろの変化様態にほかならないのである」、というわけだ。さらにここでアガンベンは、処女作『中味のない人間』における美学的でかつ形而上学的な「リズム」に立ち返るかのようにして、このような様態を「リズム的」とも形容している。

様態は存在の「リズム的（ritmica）」であって「図式的（schematica）」ではない性質を表出

する。存在はひとつの流動であり、実体はもろもろの様態のなかで「転調（modula）」され、リズムをつけられるのであって、固定され図式化されるのではない。（UC: 224［二九〇］）

ここでアガンベンが、「リズム」や「転調」という比喩にあえて訴えるとするなら、それは、詩（本来それと等しい音楽）と哲学とが同根のものであるという信念があるからである。さらにアガンベンによれば、「様態」あるいは「様態的存在論」は、存在論にも倫理学にもどちらとも決定しがたい仕方で属しているカテゴリーとされる。なぜなら、存在がそのもろもろの存在様態を要請するとするなら、それらは同時に「存在のエトス」でもあるからだ（UC: 226［二九三］）。このように考えるなら、存在論を縛ってきた義務や命令のアポリアから抜け出る道も開かれてくることになる。

さて、ここでもういちどハイデガーに戻るなら、『存在と時間』には様態的存在論を示唆するような言い回しが散見している、とアガンベンは読んでいる。たとえば、「そのつど可能な存在する様式（Weisen）」、「存在者の〈そのようにあること（Sosein）〉がすべて、第一次的には存在なのである」、さらに「現存在は、つねにそれの存在する様式としてのみ存在する」などといった言い回しがそれに当たる。これらを受けてアガンベンは、「現存在は存在と全面的に合致した様態である」、そして「現存在の存在論は、たとえハイデガーが明言していないとしても、また明確に主題化されていないとしても、様態的存在論のひとつのラディカルな形態である」、と結論することになる（UC: 227［二九四］）。

ここで忘れずに付け加えておきたいのは、実は一九九五年の『ホモ・サケル』においてすでに、「存在自体がその存在様態において問題になるという現存在の循環的構造」について指摘されていた、ということである（HS: 167［二〇七］）。つまり管見では、年来の疑問にひとつの決着をつけたのが、『身体の使用』における「様態的存在論」だったと考えられるのだ。

6

さて、いまや明らかだろう、かくして「生 - の - 形式」が様態の存在論にも対応することが。存在が存在の様態と別のものではないとするなら、「生 - の - 形式」は、われわれが何をなすか、何をなさねばならないかではなくて、われわれがわれわれとしてまさに「どのように（come）」あるかの「様態」と結びついていることが。そして、われわれがわれわれを「どのように」「使用」するかの問題であることが。もちろん、繰り返すまでもないことだが、これは、われわれが自己に固執したり自己を閉ざしたりすることとはまったく無縁である。むしろ中動態的な「使用」と「様態」の原義に立ち返るなら、その逆であると言うべきだ。すなわち、肝要なのは、非人称的な潜勢力の次元へと、われわれの自体性を突き崩す非自体性へと、われわれを開いておくということである。

とはいえ、いくつかの点が疑問として残るのもまた、偽らざる事実である。たとえば、「様態的存在論」はまた「スタイルの存在論」とも呼び換えられるのだが（UC: 297［三九一］）、様態つまりモードにせよスタイルにせよ、美学的な響きはあくまでも残りつづけるだろう。アガンベンにとって「生‐の‐形式」は、存在論と倫理の問題であると同時に、あるいはそれ以上に美学的な問題なのではないか。ちょうど、フーコーの「自己の配慮」がその「生存の美学」と切り離せないのと似て。

さらに、哲学者の条件を亡命のイメージによって定義するプロティノスにも依りつつ、あたかも主権による締め出し（追放）を逆手にとるようにして、次のように述べられるとき、『到来する共同体』以来の「共同の生」のテーマが後ろに退いて、より個人的な生の次元が前景化している、という印象を払拭することもできないだろう。いわく、「剝き出しの生がそのなかに捕らえられている追放の関係は、哲学者によって取り戻され自分の問題として引き受けられる」、と（UC: 300［三九六］）。

読者の疑問を跳ね返すかのようにアガンベンは、「われわれは、われわれがそれぞれ単独の存在であるというかたちのなかで互いに結ばれ合っている。通常はプライヴェートな領域を構成していたものが、ここでは公共的で共同的なものに転化する」、と主張する（UC: 302［三九八］）。たしかに、小著でわたしも強調してきたように、主権権力に抵抗できるのは、主権権力によって生み出される「ホモ・サケル」のような位置に身を置くことのできる存在である、と彼は考えてきたのだ。それは同時に、締め出された存在を救済するという、メシア的な使命を帯びたものでもある。

とはいうものの、哲学者がみずからに引き受けようとするもうひとつの「ホモ・サケル」、つまり、所有や法からも、義務や命令からも、さらにはビオス／ゾーエー、人間／動物、本質／実存、能動／受動などという、西洋年来の哲学と政治と言語にまたがる線引きからも解放されて、その彼岸もしくは此岸に生きる「生‐の‐形式」は、本当に可能なのだろうか。結局のところ、それはきわめて実行困難なままにとどまるのではないかと批判するのは、「貧しさ」を積極的に評価する点でアガンベンとも近しい哲学者、エレットラ・スティミッリである（Stimilli: 32）。

さらに、およそあらゆる局面で、「カタルゲイン（不活性にすること、働かなくさせること）」というパウロのメシア論的な観点を持ち出してきて、あくまでも潜勢力の次元にとどまろうとするアガンベンの思想は、「純粋なる無力」に終わるだけではないかという声を上げるのは、やはり彼を評価するのにやぶさかではないディディ＝ユベルマンである（Didi-Huberman: 30）。

これらの疑問に答えるのは容易ではないし、またそれぞれの批判にも一理なくはない。白状するなら、このわたしもまた、アガンベンを読みながら「それでどうすればいいんだ」と、心のなかで呟いていることが少なくない。とはいえ、彼があえて忌避するのは、われわれがすぐに納得できたり実践できたりするような即答を与えることである。それでは思考の可能性を奪ってしまうことになるからである。思考の潜勢力とは、あるいは潜勢力の観想とは、「生 - の - 形式」に与えられた別の名でもある。そもそも、西洋の政治や経済を導いてきた、実効性や有効性や生産性という至上命令を乗り越える思考が、「ホモ・サケル」計画を導いてきたのだ。

誤解してはならない。「生」と「形式」が切り離せないとしても、それは、どんな生もある一定の形式をとらねばならないということでも、ある形式が生において実現されなければならないということでもない。われわれの生において実現されるべき一定の形式がある、という意味ではないのだ。それはちょうど、アリストテレスに依拠しながらアガンベンが繰り返し、人間にあらかじめ定められた固有の仕事などない、と述べてきたこととも符合する。生きながら生み出されていく「生 - の - 形式」は、ある特定の使命感や義務感とは無縁である。そしてそれは何よりも人間の幸福と結びついているのだ。

「ホモ・サケル」計画以後もアガンベンは旺盛な執筆活動をつづけているが、一見したところ互いに関連が薄いように思われる四冊の本を近年たてつづけに出版している。すなわち、二〇一六年の『プルチネッラ、あるいは子供たちのための気晴らし』、同年の『実在とは何か――

マヨラナの失踪』、二〇一七年の『書斎の自画像』、そして二〇二一年の『ヘルダーリンの狂気──留まる生の年代記 一八〇六─一八四三年』である。表題からも予想されるように、それぞれの本の題材に選ばれているのは、順に、十六世紀に生まれた仮面の即興喜劇コメディア・デッラルテのキャラクター、一九三八年某日に突然姿をくらましたまま一切の消息を絶った天才的な原子物理学者エットレ・マヨラナ、そしてローマとヴェネツィアの書斎を舞台に読書録と交友録として綴られる回想のなかの自分自身、最後に言うまでもなく、後半生をさる民家の塔のなかで過ごしたドイツの詩人にして思想家、である。

ここで詳細を述べる余裕はないが、これら四者は、時代も環境も職業も著しく異なるばかりか、そのなかには虚構の登場人物さえいる。かくも異質の対象を、アガンベンはここにきてなにゆえに論じようとするのか。それは、各々がそれぞれの「生-の-形式」において緩やかに結びついているからではないか、とわたしは思う。つまり、アガンベンはこれらの著作において、「放棄された」という「ホモ・サケル」計画をある意味でさらに引き受けるかたちで、ありうべき「生-の-形式」──その「何を」ではなくて「どのように」──をもっと具体的に記述しようとしているのではないだろうか。そしてそれらがいみじくも、自体化と脱自体化、一人称と三人称、喜劇と悲劇、正気と狂気のあいだの閾に漂い、「逃亡」や「追放」ともまた無縁でないとするなら、おそらくそれも偶然ではないのだ。

愛の哲学、哲学の愛——あとがきに代えて

1

意外に思われるかもしれないが、アガンベンが「他者」について語ることはまずないと言っていい。わたしの知るかぎり、「他者」をめぐるテーマはおろか、「他者」——大文字であれ小文字であれ——という単語すら、そのテクストに登場することはほとんどない。「顔」について論じるときですら、あえて「他者」や「他者性」なるものに触れようとはしない。おそらく、レヴィナスやデリダをはじめとする「他者」の哲学や倫理学から一定の距離をとろうとしているからだろう、と考えられる（Wolfreys 2008: 150)。一部で強迫観念か便利な口実にすらなっているように思われるこの語を、アガンベンは意識的に避けているのである。

一方、それとは裏腹に、「愛」についてはすこぶる饒舌である。すでに気づかれた読者もいるかもしれないが、「愛」は、最初から彼のテクストのいたるところに顔をのぞかせている。

「愛」に憑かれている、とさえ言えるほどだ。だが、先走ってはいけない。それが、慈愛や神への愛といった宗教的なものとも、あるいは（その世俗化たる）人類愛とか兄弟愛とかといったユマニスム的で人道主義的な性格のものとも、かなり性格を異にするだろうことは、容易に予想される。なぜなら、これらの愛では、すでにして線引き——締め出し——がおこなわれているからである。

とするなら、アガンベンにとっての「愛」とはいかなるものか。なぜ、「他者」ではなくて「愛」について語ろうとするのか。小著を締めくくるのは、この哲学者（にとって）の「愛」である。その前にまずは、いかにそのコーパスに愛が跳梁しているかを、簡単に振り返っておこう。

『スタンツェ』は、実のところ、丸々一冊が「愛」のテーマに捧げられているといっても、おそらく過言でないほどである。メランコリーもフェティシズムも、愛と深くかかわっている。ダンテやカヴァルカンティをはじめとする中世の恋愛詩への入れ込みようといったら、ただものではない。詩論『イタリア的カテゴリー』はもちろんのこと、『言語活動と死』や『残りの時』においても、恋愛詩は主要モチーフのひとつとなっているのだ。近著『王国と楽園』でも、ダンテによりつつ、生の幸福とは愛にほかならないと述べられる（REG: 72［九七］）。

またこの愛の哲学者は、あえてアナクロニスティックな身振りをとりつつ、「プネウマ」や

「スピリトゥス」、「ダイモン」や「ゲニウス」といった、神話学と心理・生理学、物質と精神、可視と不可視、前-個体と個体のあいだにあって、愛や想像力を刺激するとされてきた形象(あるいは非-形象)に、ことあるごとに立ち返ろうとするのだが(『思考の潜勢力』や『瀆聖』などにおいても)、それもおそらく理由のないことではない。第九章でも確認したように、そもそも語源にさかのぼるなら、文献学者は言葉を、哲学者は知恵を愛する者のことなのだ。

さらに、これも本文で述べたことだが、「ホモ・サケル」について、「回教徒」について、彼がしばしば無慈悲とも受け取られかねないような口調で語るとすれば、それは彼が、彼ら「だれかれ（クオドリベト）」の特異性をこよなく愛しているからだ、とわたしは思う。彼らこそ、まさに「気に入る（リベト）」もの、愛されるものなのだ。アガンベンの言う共同体も、この「だれかれ」への愛とともに到来する(かもしれない)。そして、『開かれ』でも見たように、愛はまた「無為」とも重なり合うものだ。

2

『散文のイデア』のなかに「愛のイデア」と題された短い文章が収められている。全文を引用しておこう。

> 無縁の存在の親密さのなかで生きること。その存在に近づくためでも、それをよく知るためでもなく、無縁のまま遠くに保っておくために。それどころか、見えないままにしておくために。その名前が彼のすべてを包含するほどまで、見えないままに。すると、たとえ落ち着かないかもしれないが、一日一日とますます、場が開かれてきて、沈むことのない光が差し込む。そしてそのなかでは、かのものはいつまでも露わになり、かつ塞がれるのである。（IP: 40）

ここでもアガンベンは、「他者」という語を用いることなく、いささかぶっきらぼうに「無縁の存在（エッセレ・エストラネオ）（essere estraneo）」と呼んでいる。つまり、ストレンジャーである。それはどこか「だれかれ」にも似た響きをもつ。「だれかれ」がまたそうであるように、この「無縁の存在」も、必ずしもわたしの外にあるとはかぎらない。むしろわたしの内にあるものかもしれない。それは、どこまでもさらされてあるが、同時に封じられてもいる。

親密なるものの内なる無縁さに、あるいは、無縁なるものの内なる親密さに向き合うとき、つまりは、われわれがわれわれの根底にある非自体的なものに向き合うとき、そこに愛が生まれてくる。その愛は、あたかも鬱蒼とした森の木立のあいだから差し込む一条の光、「明るみ（リヒトゥンク）

（Lichtung）」のようなものである。その光は、あたりを照らしつつ覆い隠し、闇に包みつつ輝かせる。

ここで、アガンベンの口調にどこかハイデガーを連想させるものがあるとすれば、それはおそらく偶然ではない。「ハイデガーと愛」というサブタイトルをもつ比較的長い論考「現事実性の情念」（『思考の潜勢力』に所収）を著わしているのである（単行本として出版されたフランス語版では、文字どおり『愛の影』というタイトルが掲げられている）。

この論考はいきなり、「マルティン・ハイデガーの作品には愛の問題が存在しないという指摘がこれまでしばしばなされてきた」、という書き出しではじまる。だが、アガンベンによれば、『存在と時間』においてハイデガーが愛について沈黙しているのは、あるいは少なくとも外見上そうみえるのは、愛のもつ根本的な役割、つまり「真理に到達するにあたって愛がいわば存在論的に優位に立つ」という大前提があるからにほかならないという（PP: 289-290［三五二—三五四］）。

かくしてアガンベンは、ハイデガーに寄り添いつつ、愛はもはや「主体と対象とのあいだの関係や、主体と主体とのあいだの関係とみなすような、一般的な表象にしたがって構想することはできなくなる」、と述べることになる。なぜなら、「愛はむしろ、現存在の超越を特徴づける「世界にすでに存在していること」のなかにこそ居場所を見いだし、そこにこそ愛がみずから出来するのでなければならない」からである（PP: 293［三五六］）。つまり、主体や対象が構成されるよりも前に、現存在はすでに世界へと開かれており、しかもこの本源的な開かれから出発してこそ、愛は了解されるのだ。

それゆえ愛は、わたしとあなたとの自体的な対面のうちにあるわけではない。そうではなくて、わたしがわたしであるよりも前に、あなたがあなたであるよりも前に、愛は、わたしの根源的な開かれとして、あなたの根源的な開かれとして、非自体的にさらけ出されている。わたしがわたしではないもの（非自体的なもの）へと「自体的なしかたで情念づけられること」、それが愛である。それゆえ愛は、あなたとわたしの固定した関係のうちにその場を占めることはない。たえず境界線を越えて漂うのである（が、一致することはない）。

3

アガンベンはまた「友愛」についても語る。同じタイトルの短いエッセーがそれである。そこに『友愛のポリティックス』のデリダからの影響を見ることは容易だろうが、いつものようにここでも潜勢力の哲学者は、脱構築の哲学者からは微妙な距離をとるという身振りを示している。イタリアの後輩にとって、問題なのは、哲学と政治の伝統に支配的な「ファルス中心主義的な友愛」を暴き出すことではない。「友愛」を肯定すると同時に疑ってもいる先輩にたいして、むしろ、あえてこう言ってのけさえする。「友愛は、哲学の定義と密接に結びついているために、まさしく友愛なくして哲学は不可能だろう、と言いうるほどである」、と（AM: 5）。

そのうえで、自分にたいするデリダのささやかな裏切り、あるいは無視をめぐって、過去のひとつのエピソードが披露されている。とはいえ、ここでは個人的な話に踏み込むのは控えておこう。本文でも述べたように、アガンベンはデリダにたいしてどこかエディプス的な葛藤を抱えているようにも思われるのだが、目下のところ、これについても深入りはしないでおこう（つまるところアガンベンは、デリダをあたかも偽りのメシアであるかのようにみなし［Thurschwell 2005］、デリダはデリダで、アガンベンにたいして基本的には黙殺を決め込んでいたようだが、最近刊行がはじまった『セミネール　獣と主権者』第一巻〈二〇〇一―〇二年〉［Derrida 2008: 133-140, 431-443］におけるややあからさまな『ホモ・サケル』批判に見られるように、いつになく感情的な反応を示すことがあったように思われる。両者の屈折した関係については、拙著『イタリアン・セオリー』所収の「デリダを読むアガンベン、アガンベンを読むデリダ」［岡田 二〇一四：一七七―二一〇］を参照）。

では、アガンベンは「友愛」をどう捉えようというのか。ここでも、いつものとおりアリストテレスは不可避の参照点となるのだが、要点は三つあるように思われる。すなわち、「親しい、友の」という形容詞と「友人」という名詞の意味をもつ、イタリア語の「アミーコ」は、そもそも述語的なものではありえない、というのがまず第一点。「白い」とか「イタリア人」とか「暑い」とかという述語とは根本的に異なるのだ。なぜなら、「友愛は、ある主体＝主観の所有物もしくは性質ではない」からである（AM: 12）。

次にアガンベンは、バロック時代のナポリの画家ジョヴァンニ・セロディィネの作品《聖ペテロと聖パウロの出会い》にインスピレーションを得て、友愛は、「それを表象することも概念化することもできないほどの近さ」のことである、と述べる（AM: 12）。つまり友愛とは、わたしのなかのあなた、あなたのなかのわたしと呼べるほどに、近くて遠い、遠くて近いものなのである。

そして最後に、こう結論づけられる。

> 友愛はあらゆる分離に先立つ共有である。というのも、分け合うべきものとは、実存の事実それ自体、生そのものだからである。そして、対象なきこの分配こそ、根源的なる共‐感覚であり、それが政治を構成しているのである。（AM: 19）

この言い回しは、どこかナンシーを連想させるところがあるが、おそらくそれは意識的である。というのも、このエッセーの最初に、ナンシーとの友愛が（デリダとのそれとあたかも対比されるかのように）回想されているからである。いずれにせよ、「友愛なくして哲学は不可能」というのは、（ある種の屈折を抱えつつも）本心から出たセリフなのである。

一方、ほかでもなくレヴィナス的な響きをもつ「顔」と題されたエッセーで語られるのは、それにもかかわらず、倫理的な次元の問題というよりも、はっきりと愛のテーマである。そのなかから、美しい一節を引いておきたい。

わたしは誰かの目に眼差しを向ける。目は伏せられる――これは慎み、眼差しの背後にある空虚の慎みだ。あるいはまた、目はわたしをじっと見返してくる。目はわたしに無礼に眼差しを向け、目の空虚を見せつけるが、それはまるでその背後に、この空虚を認識しているまた別の深奥の目があり、誰もそこに入り込めない隠れ場所として用いられている、というかのようだ。あるいはまた、貞節で留保のない恥じらいのなさゆえにそのように見返してきているのかもしれず、その場合の眼差しは、われわれの眼差しの空虚のなかに愛と言葉が訪れるままにさせる。（MSF: 75［九七］）

顔と顔の対面、眼差しの交差、そこに立ち上がってくるのは、あなたにたいするわたしの倫理的な要請というよりも、愛そのものである。ここで「愛と言葉」とあるのはまた、「愛と声」

と言い換えることもできるだろう。そもそも愛は、そして声は、自己と他者という分離の手前

（あるいは彼岸）で、わたしの非自体性とあなたの非自体性のあいだで、生起するのだ。他者性でも間主観性でもなく、そのような愛こそがアガンベンの哲学の出発点なのである。

4

最後に、言い訳めいたことを述べて、筆を擱くことにしたい。小著は、アガンベンの思想の全体像を網羅的かつ包括的に論じるものではない。それは著者の力に余る仕事である。たとえば、アガンベンが折に触れて口にするユダヤやイスラームにおける神秘主義の用語について、ここではあえてそれらへの言及を避けた。というのも、もちろんわたしが不案内であることがいちばんの理由だが、ことさら謎めかしたような印象を与えることは目下のところ得策ではない、と判断したからでもある。あまつさえこの哲学者は、神秘化することで読者を煙に巻く傾向がある、と批判されているのだ。だが、これらのテーマについても真剣に取り組む意義はあるだろう。

さらに、ハイデガーやアーレント、ベンヤミンやアドルノ、フーコーやドゥルーズやデリダといった二十世紀を代表する思想家たち、ネグリやカッチャーリ、ヴィルノやエスポジトとい

った現代イタリアの思想家たちとの関係について、もっと突っ込んだ議論をすべきだったかもしれない。その不徹底さもまたわたしの不徳のいたすところだが、その任にふさわしい研究者が今後あとを絶たないことを願わないではいられない。

言語と並んでアガンベンの思考のもうひとつの起点であるイメージをめぐる諸問題についても、別にひとつの章を設けるべきだったかもしれない。人間にとって言語とは何かという問題が、詩と哲学の共通のテーマであるとすれば、イメージとは何かという問題は、美術と哲学の共通のテーマなのだ。それゆえ、絵画や彫刻のみならず写真や映画も、アガンベンの思想において看過できない位置を占めている。とはいえ、この点についてすでにわたしはこれまでにも強調してきたことがあるため、小著ではあえて一章を当てることは控えて、関連する議論のなかでそのつど触れるにとどめた。

わたしは哲学についてまったくの素人である。その素人が、今日を代表する哲学者を論じるというのは、かなり無謀なことだったのかもしれない。また、それゆえの誤解や勇み足も少なからずあるにちがいない。専門家の方々のご批判を仰ぎたい。

小著の執筆に本格的に取り組みはじめたのは、三・一一の大震災の直前であった。最初は恐る恐る手をつけたのだが、いざ取りかかってみると、予想外に筆が進んで、比較的短期間のうちに一気に書き上げることができた。それはよかったのだが、毎日伝えられる深刻なニュースを前に、まさにいまこのときにアガンベンについて論じる意味はどこにあるのだろうか、と自問自答することもしばしばであった。ことによるとその躊躇いや焦りのようなものが、本文にそれと知れず影を落としているかもしれない。読者の皆さんのご寛容を請いたい。

「〜しない」という意味での「潜勢力」にせよ、「無為」にせよ、帰属意識なき「共同体」にせよ、わたしがここで論じてきたアガンベンの思想は、日本中が復興に向けてまさに潜在力を結集して、それを現実化しようとしている（かに見える）ときに、たんに水を差すだけに終わるのではないか……。

だが、破壊をチャンスに転じることができるとするなら、それは、破壊を誘発してきたような道をふたたびたどることではないはずである。いまこそ発想の転換が、それも一大転換というよりも、一瞬一瞬のひとつひとつの「ほんのわずかなずらし」が求められているのではないだろうか。アガンベンの思想は、その意味で数々の示唆を与えてくれるはずである、わたしはそう信じている。

＊

小著はもちろん、わたしひとりの力によるものではない。たくさんの刺激を与えてくれた友人たち、とりわけ田崎英明、ロベルト・エスポジト、マリオ・ペルニオーラ、フェデリコ・ルイゼッティにこの場を借りて感謝をしたい。また、多賀健太郎をはじめとして、これまで共訳者として奮闘してくれた後輩や学生たちにも、あらためて心から謝意を表したい。

編集の松井純さんとは、もう十数年にもわたって、翻訳を含めると十冊をゆうに超える本を作ってきた。アガンベンの処女作『中味のない人間』の翻訳は、その最初のころの仕事のひとつである。たしかに、振り返ってみるに、実のところ自分の考えなのか松井さんの考えなのか、見分けがつかなくなってくるような閾で仕事をしてきたような気もする。アガンベンが繰り返し述べているように、主体化は脱主体化と切り離せないこと、非自体的なものへと自体的に情念づけられてあること、そのことをいま身をもって感じることができる。通り一遍の謝辞で済ませられるようなことではないのだが、お礼申し上げたい。ありがとうございました。

拙著につづいて、アガンベンの『裸性』をはじめ、カッチャーリの刺激的なアドルフ・ロース論、ポスト・ヒューマンの哲学・美学に先鞭をつけたペルニオーラの『無機的なもののセックス・アピール』、待望久しいヴァッティモの『透明なる社会』、生政治と免疫の哲学者エスポジトの仕事など、イタリア現代思想の翻訳シリーズが松井さんの編集で刊行される予定である。

二〇一一年六月

岡田温司

平凡社ライブラリー版あとがき アガンベンは間違っているのか？

地球温暖化に起因するさまざまな自然災害がほとんど日常化し、人とモノと情報のグローバルな行き来がひとつの飽和状態に達したと思われたまさしくその瞬間、われわれは、その自然からグローバルなしっぺ返しを受けることになった。「誰にも当てはまる」という意味のギリシア語「パンデモス」に由来するパンデミックは、それゆえ、ある面ではグローバリゼーションの必然的な帰結でもある。「資本主義の終わりより、世界の終わりを想像する方がたやすい」、フレドリック・ジェイムソンがもう何年も前に予告し、スラヴォイ・ジジェクによって繰り返されたこのセリフは、かくしてもはや机上の空論ではなくなってくる。

この状況を前に、各国で順次打ち出された緊急事態宣言にたいしていち早くかみついたのが、われわれの哲学者ジョルジョ・アガンベンである（イタリアの出版社クオドリベトのサイト上に載せられた彼の数々の発言は、その後すぐに一冊の本としてまとめられた［APS］）。ある意味でこれもまた必然であった。というのも、常態化する「例外状態」と「剝き出しの生」という、現代の「生らである。

政治」をめぐる彼の一九九〇年代以来の鋭い診断が、ここにきてまさしく現実のもとなったか

これ以前にもアガンベンの「予感」がいみじくも的中したことがあった。二〇〇一年の九・一一とその後のアメリカの対応、いわゆるブッシュ・ドクトリンである。これが大きなきっかけのひとつとなって、この哲学者の名が世界中にとどろきわたり、「アガンベン効果」とも呼ばれる現象が生まれたことは、まだわれわれの記憶に新しいところだろう。時の権力が「例外状態」を布告する口実が、かつてはテロの脅威であったとすれば、このたびはウィルスの脅威である。リスクとセキュリティの拮抗のなか、ことさら過剰で抑圧的なセキュリティ・システムを課すことでリスクをさらに煽ってきた生権力機械、アガンベンの批判の矛先はそこにある。

ところが、九・一一のときにはうまく機能して思想界でも大いに歓迎されたかにみえた彼のテーゼは、今度は逆に、たちまち専門家や哲学者たちからバッシングにも似た反駁にさらされることになる。その理由は大方、リスクの見通しが甘いという点でほぼ一致している。たしかに彼は当初、インフルエンザと大差ないだろうと読んでいたのだ。「生政治」の誕生を告げるフーコーの著書のタイトル『社会は防衛しなければならない』をもじって、こう揶揄するものまで現われたほどだ。「社会はアガンベンから防衛されなければならないか」、と。「七十七歳の老イタリア人のおしゃべり」とまで皮肉られる（Tim）。一見するとアガンベンの論点は、新

型コロナウィルスの危険性を軽視する（振りをする）アメリカの前大統領やブラジルの大統領と変わらないように映るのだ。

もちろんそれはとんだ誤解である。至上命令としての経済優先こそ、オイコノミアにキリスト教神学の残滓を見るアガンベンの拒絶するところだからである。また、批判者のなかにしばしば誤解があると思われるのは、アガンベンは「ゾーエー（生物学的生）」にたいして「ビオス（社会的生）」を優先し、「剝き出しの生」をことさら貶めようとしているわけではない。そうではなくて、「剝き出しの生」を生産する締め出しという政治的操作に批判的な眼差しを注いできたのである（その点がまたハナ・アーレントと異なるところでもある）。

さらに、アガンベンに不利なことには、たとえばとりわけ日本の場合に顕著なように、「バイオセキュリティ」をめぐる国の政策が何ら実効性をもたず――ブルーノ・ラトゥールの言い方を借りると、ほとんど「生政治のカリカチュア」（Latour）のように映る――、空回りの権力による茶番劇をさらしているにすぎないのにたいして、ボトムアップで防衛と保全への気運が盛り上がっているように見えるから、なおさら、トップダウンの命令や統制という従来の図式はいまや当てはまりそうにない。

つまり、われわれは脅威のなかにあるというよりも、われわれひとりひとりが脅威となりうるのであり、自分を守ることと他者を守ることとはこれまでのように対立するどころか、むしろ同義になっている、という自覚である。たとえば、イタリアの精神分析学者セルジョ・ベンヴェヌートに言わせるとこうなる。「他者がわたしから距離をとればとるほど、わたしは彼・彼女らをいっそう親密に感じる。これこそが、人間関係の分子度（Molecularity）において起こっていることをアガンベンが理解できないでいる理由である」（Benvenuto）。つまるところ現況下において、政治的なものの起点とされる敵／友のシュミット的な図式はもとより、生権力による統制という従来のフーコー的な議論もまたもはや意味をなさないように思われるのである。

が、やはりことはそれほど単純でもないだろう。この機に乗じて権力が暴挙に打って出るさまを、われわれはまさしく目の当たりにしているからである。たとえば、韓国や中国の例を見れば明らかなように、モバイルによる位置情報の監視と掌握が進められ、国民も喜んでそれを受け入れているように見える。イスラエル課報特務庁（モサド）の場合もまた然りだろう。あろうことか、姑息にもどこかの国では悪法をゴリ押ししようとした。セキュリティはパンデミックから一時的にわれわれを守ってくれるかもしれないが、だからといって、まさにパラノイア的な監視システムが正当化されるわけではないだろう。

アガンベンの的を射た言い方では、生物学的なサバイバルだけを優先させる「バイオセキュリティ」のために、あらゆるものが犠牲にされようとしている。すでに「潜在的テロリスト」

へと変貌して久しいヒトは、いまや同時に「潜在的感染者」でもある。

また、同じくイタリアの哲学者ロベルト・エスポジト風に言うなら、ここにきてとりわけ、他者への投影‐攻撃体制と自己への免疫‐防衛体制の両方のメカニズムが、一国において同時に作動していることは、アメリカと中国の応酬を見れば一目瞭然であろう。

さらに、アラン・バディウも今回の一件について、東アジアにたいするレイシズム的な言説が一部ではびこっていることを正当に認めつつも、中国において、古い慣習をとどめる野生動物の生鮮市場と、グローバル市場を席巻しようとする帝国主義的な国家資本主義という、正反対の現実が分かちがたくリンクしている点に、いみじくもことの重大性を看破している(Badiou)。

加えて、パンデミックはまた「インフォデミック」と並行してもいる。わたしのようなネット音痴が情報の病理学についてつべこべ言うのもおこがましいことだが、新たなコミュニティのかたちを生み出す（とされる）ソーシャルメディアはまた、根拠のない情報が大量に拡散するインフォデミックの温床でもあるだろう。しかも、オンライン上にはすでにさまざまな「ウィルス」が蔓延している。

情報がほとんど一元化されることで、何より懸念されるのは、われわれの想像力の枯渇である。周知のように、かつて一三四八年に大流行したペストの難を逃れたフィレンツェ——人口が半減した——の十人の市民によって十日で紡がれる百の物語という形式をとるボッカッチョの『デカメロン』は、社会的な荒廃のなかで想像力を救い出す試みとして読み返すことができるだろう。そこには、ユーモアと風刺とエロスのみならず、寛大さと鷹揚さと知性があふれているのである。

これとの関連でいうなら、新型コロナ下、さらにはポスト・コロナ下において、美術館や博物館のあり方と役割も変化を迫られるだろう。身近なところでは、東京都写真美術館がいち早く打ち出した試みは、ひとつのモデルとなりつつある感がある（もともと対象が写真という複製芸術であるということが不幸中の幸いであったかもしれない）。相次ぐ学会の延期や中止もまた、貴重な卵が孵化する機会を奪いかねない。もちろん、大学の授業も大きく変わった。一部でオンラインを歓迎する向きもあるが、そしてメリットもなくはないだろうが、やはり顔を突き合わせてこそ学生と教員の双方にとっての学びがある、とささやかな経験ながらわたしは思う。これはまた学会やシンポジウム等での発表や議論も同様である。

ヒトとは身勝手なものだ。つい先ごろ観光公害なるものを告発したその舌の根も乾かないうちに、観光地に閑古鳥が鳴いているといって経済停滞を嘆く。先述したラトゥールは、アントロポセンを念頭に置きつつ、いつものシニカルな調子で次のように述べる。「エコロジー的変化のなかで状況は悲劇的に逆転している。その恐るべき毒性によって地球上のあらゆる生き物の生存の条件を変化させてきた病原体は、まったくのところウィルスなのではなくて、人類である」、と（Latour）。たしかに、いまやわれわれは大きな発想の転換を迫られているのだろう。あえて月並みな表現を使うなら、「地球へのケア」が何より求められている。「もとの生活を取り戻すこと」が、政治的スローガンのように叫ばれている。だが、ここでもっとも憂慮すべき事態とみなされているのは経済の崩壊であって、新型コロナウィルスもその一環にほかならない地球環境の崩壊ではない。

現代を象徴するアポカリプス（啓示）の思想家アガンベンは、それにもかかわらず実のところ、わたしの知るかぎり、表向きエコロジー的な主張を発することはない。つまり、グローバルな環境破壊にたいする直接的な言及はない（それだけでなく、このイタリアの哲学者は、ポストコロニアルにせよフェミニズムにせよ、そうした現代思想の潮流に乗ることを意図的に避けてきた）。とはいえ、「所有」に代わる「使用」のパラダイム、「貧しさ」のもつ存在論的な意義、「宗教」としての資本主義への批判、生命間の線引きやヒエラルキー化への抵抗、風景の脱我有化といった年来の主張は、エコロジー論者たちが唱えるグリーン消費（あるいはエシカル消費）やサステイナビリティなどよりもはるかに根源的で徹底的なものである。

このたびのコロナ禍に関連してアガンベンはまた別のところで（APS: 47-51［七九―八六］）、世俗権力と教会権力に関連して次の二点を主張している。ひとつは、死者たちが誰に看取られることなく弔いの儀礼さえも禁じられたまま埋葬されるという、ソフォクレスの『アンティゴネー』を彷彿させる由々しき事態についてである。クレオーンの掟を破ったために悲劇のヒロインは生きながら葬られることになった。表向き自由民主主義の名の下で、たしかに、現代のクレオーンたちがふたたびあちらこちらに出現するさまをわれわれは目の当たりにしている。

もうひとつは、かつてレプラ患者のもとを訪れて抱きしめたと伝えられるアッシジの聖人、フランチェスコと同じ名前をもつ現在の教皇に向けてであり、彼はその慈悲の精神を忘れている、というかなり手厳しい指摘である。「教会の外に救いなし」という呪縛から解かれたはずの哲学者が、それにもかかわらず、「今この時」――パウロの ho nun kairos にしてベンヤミンの Jeztzeit ――にこそローマ教会のメシア的な使命を希求しているのである。神学のみならず政治と経済の観点からも、長らく使徒パウロと聖フランチェスコに強い関心を抱きつづけてきたアガンベンは、おそらく、この二人ならどう行動したのか、と自問しているのであろう。あるいは、「危機のあるところ、救いとなるものもまた育つ」というヘルダーリンの名高い詩句を、アガンベンは信じようとしているのかもしれない。

＊

以上の拙文は、表象文化論学会のニューズレター『REPRE』(Vol. 39、二〇二〇年六月)の巻頭言として発表したものにあらためて手を加えてここに再録したものである。思い返すと、二〇一一年の三・一一の後に上梓した拙著『アガンベン読解』をわたしは、「愛の哲学、哲学の愛」という「あとがき」で結んだのだが、このたび、くしくもコロナ禍において平凡社ライブラリーに収録されるにあたり、この拙文で終えることは、どこか因縁じみたものを感じている。パンデミック下において八十寿の哲学者が、手厳しい反論をもとより承知のうえで精力的に積極的な発言をつづけているのは、ある意味で、彼の年来の懸念がここにきてふたたびにわかに表面化しているからである。

ほぼ十年余の年月を経て増補版として出版されるにあたり、わたしは、とりわけこの間のアガンベンの仕事を念頭に置きながら、全体にあらためて加筆を施すとともに、新たに「生-の-形式」というタイトルで第10章を書き下ろした。というのも、「幸福な生」とも同義のこの理念こそ、アガンベン哲学のひとつの到達点であると思われたからである。もちろん、ここで十分に論じつくせなかったテーマもあるが、これらについては、また別の機会に発表したものを参照いただけると幸いである（岡田 二〇一四、二〇一八a、二〇一八b）。

拙著はもともと、二〇二〇年の冬に夭折した編集者、松井純との共同作業で生まれたものである。その思い出深い書が、同じ平凡社で新たなかたちでよみがえるという願ってもない機会が与えられたのは、この増補版の編集にあたっていただいた竹内涼子さんのおかげである。竹内さんとはまた、これと前後して上梓される予定のアガンベンの近著『王国と楽園』の翻訳の仕事もご一緒させていただいた。最後になったが、心より感謝を申し上げたい。

岡田温司　識

二〇二一年九月　京都にて

秀樹・蘆田裕史訳、平凡社。

ベンヤミン、ヴァルター　一九九五　『ベンヤミン・コレクション1　近代の意味』浅井健二郎編訳、ちくま学芸文庫。

———　一九九六　『ベンヤミン・コレクション2　エッセイの思想』浅井健二郎編訳、ちくま学芸文庫。

———　一九九七　『ベンヤミン・コレクション3　記憶への旅』浅井健二郎編訳、ちくま学芸文庫。

———　二〇〇七　『ベンヤミン・コレクション4　批評の瞬間』浅井健二郎編訳、ちくま学芸文庫。

細見和之　二〇〇九　『ベンヤミン「言語一般および人間の言語について」を読む』岩波書店。

宮崎裕助　二〇二〇　『ジャック・デリダ——死後の生を与える』岩波書店。

森田團　二〇一一　『ベンヤミン——媒質の哲学』水声社。

山内志朗　二〇〇八　『普遍論争——近代の源流としての』平凡社ライブラリー。

———　二〇一一　『存在の一義性を求めて——ドゥンス・スコトゥスと13世紀の〈知〉の革命』岩波書店。

リンギス、アルフォンソ　二〇〇六　『何も共有していない者たちの共同体』野谷啓二訳、洛北出版。

レーヴィ、プリーモ　二〇〇〇　『溺れるものと救われるもの』竹山博英訳、朝日新聞社。

ローニツ、ヘンリー（編）　一九九六　『ベンヤミン　アドルノ往復書簡 1928-1940』野村修訳、晶文社。

和田忠彦　二〇〇四　『声、意味ではなく——わたしの翻訳論』平凡社。

訳、岩波書店。

武田宙也　二〇一四　『フーコーの美学——生と芸術のあいだで』人文書院。

田崎英明　二〇〇七　『無能な者たちの共同体』未來社。

田中純　二〇〇一　『アビ・ヴァールブルク　記憶の迷宮』青土社。

ディディ＝ユベルマン、ジョルジュ　二〇〇五　『残存するイメージ——アビ・ヴァールブルクによる美術史と幽霊たちの時間』竹内孝宏・水野千依訳、人文書院。

———　二〇〇六　『イメージ、それでもなお——アウシュヴィッツからもぎ取られた四枚の写真』橋本一径訳、平凡社。

デリダ、ジャック　一九七〇　『声と現象——フッサール現象学における記号の問題への序論』高橋允昭訳、理想社。

———　一九九九　『法の力』堅田研一訳、法政大学出版局。

———　二〇〇三　『友愛のポリティックス』鵜飼哲・大西雅一郎・松葉祥一訳、みすず書房。

ドゥボール、ギー　二〇〇〇　『スペクタクルの社会についての注解』木下誠訳、現代思潮新社。

ドゥルーズ、ジル　二〇〇四　『狂人の二つの体制 1983-1995』宇野邦一監修、河出書房新社。

ナンシー、ジャン＝リュック　二〇〇一　『無為の共同体——哲学を問い直す分有の思考』西谷修・安原伸一朗訳、以文社。

ネグリ、アントニオ　一九九九　『構成的権力——近代のオルタナティブ』斉藤悦則・杉村昌明訳、松籟社。

ネグリ、アントニオ、マイケル・ハート　二〇〇三　『〈帝国〉——グローバル化の世界秩序とマルチチュードの可能性』水嶋一憲・酒井隆史ほか訳、以文社。

バディウ、アラン　二〇〇四　『聖パウロ——普遍主義の基礎』長原豊・松本潤一郎訳、河出書房新社。

平倉圭　二〇一〇　『ゴダール的方法』インスクリプト。

廣瀬浩司　二〇一一　『後期フーコー——権力から主体へ』青土社。

ブランショ、モーリス　一九八四　『明かしえぬ共同体』西谷修訳、朝日出版社／ちくま学芸文庫、一九九七年。

———　二〇〇五　『ブランショ政治論集 1958-1993』安原伸一朗・西山雄二・郷原佳以訳、月曜社。

ブルーム、ハロルド　二〇〇四　『影響の不安——詩の理論のために』小谷野敦・アルヴィ宮本なほ子訳、新曜社。

ペルニオーラ、マリオ　一九九九　『エニグマ——エジプト・バロック・千年終末』岡田温司・金井直訳、ありな書房。

———　二〇一二　『無機的なもののセックス・アピール』岡田温司・鯖江

出版会。

今村仁司　二〇〇〇　『ベンヤミン「歴史哲学テーゼ」精読』岩波現代文庫。

ヴィルノ、パオロ　二〇〇四　『マルチチュードの文法——現代的な生活形式を分析するために』廣瀬純訳、月曜社。

ヴェーユ、シモーヌ　一九六八　『重力と恩寵——救われたヴェネチア』渡辺一民・渡辺義愛訳、春秋社。

エスポジト、ロベルト　二〇〇九　『近代政治の脱構築——共同体・免疫・生政治』岡田温司訳、講談社選書メチエ。

———　二〇一一　『三人称の哲学——生の政治と非人称の思想』岡田温司監訳、講談社選書メチエ。

岡田温司　二〇〇六　『芸術（アルス）と生政治（ビオス）——現代思想の問題圏』平凡社。

———　二〇〇九　『キリストの身体——血と肉と愛の傷』中公新書。

カッチャーリ、マッシモ　二〇〇二　『必要なる天使』柱本元彦訳、人文書院。

———　二〇一六　『抑止する力』上村忠男訳、月曜社。

門脇俊介　二〇一〇　『破壊と構築——ハイデガー哲学の二つの位相』東京大学出版会。

金森修　二〇一〇　『〈生政治〉の哲学』ミネルヴァ書房。

カフカ、フランツ　一九八七　『カフカ短篇集』池内紀編訳、岩波文庫。

ガルシア・デュットマン、アレクサンダー　二〇〇九　『思惟の記憶——ハイデガーとアドルノについての試論』大竹弘二訳、月曜社。

郷原佳以　二〇一一　『文学のミニマル・イメージ——モーリス・ブランショ論』左右社。

國分功一郎　二〇一一　『スピノザの方法』みすず書房。

コッチャ、エマヌエーレ　二〇一九　『植物の生の哲学——混合の形而上学』島崎正樹訳、勁草書房。

小林康夫　一九九一　『起源と根源——カフカ・ベンヤミン・ハイデガー』未來社。

佐藤嘉幸　二〇〇八　『権力と抵抗——フーコー・ドゥルーズ・デリダ・アルチュセール』人文書院。

ジジェク、スラヴォイ　二〇〇四　『操り人形と小人——キリスト教の倒錯的な核』中山徹訳、青土社。

シュミット、カール　一九七一　『政治神学』田中浩・原田武雄訳、未來社。

ショーレム、ゲルショム　一九七二　『ユダヤ主義の本質』高尾利数訳、河出書房新社。

スローターダイク、ペーター　二〇〇〇　『「人間園」の規則——ハイデッガーの『ヒューマニズム書簡』に対する返書』仲正昌樹編訳、御茶の水書房。

タウベス、ヤーコプ　二〇一〇　『パウロの政治神学』高橋哲哉・清水一浩

dignità umana di Pico della Mirandola, Feltrinelli, Milano.

Cavarero, Adriana 2003 *A più voci. Filosofia dell'espressione vocale*, Feltrinelli, Milano.

Ciccarelli, Roberto 2008 *Immanenza. Filosofia, diritto e politica della vita dal XIX al XX secolo*, il Mulino, Bologna.

Clark,T. J. 1982 "Clement Greenberg's Theory of Art," in *Critical Inquiry* 9, pp. 139-156.

Derrida, Jacques 2008 *Séminaire La bête et le souverain*, Vol. 1 (2001-2002), Galilée, Paris. ジャック・デリダ『獣と主権者 I』西山雄二ほか訳、白水社、二〇一四年。

Esposito, Roberto 1998 *Communitas. Origine e destino della comunità*, Einaudi, Torino.

———2002 *Immunitas. Protezione e negazione della vita*, Einaudi, Torino.

———2004 *Bíos. Biopolitica e filosofia*, Einaudi, Torino.

———2010 *Pensiero vivente. Origine e attualità della filosofia italiana*, Einaudi, Torino.

———2013 *Due. La macchina della teologia politica e il posto del pensiero*, Einaudi, Torino.

Foucault, Michel 1969 *L'archéologie du savoir*, Gallimard, Paris. ミシェル・フーコー『知の考古学』中村雄二郎訳、河出書房新社、一九八一年。

Fried, Michael 1982 "How Modernism Works : A Response to T. J. Clark," in *Critical Inquiry* 9, pp. 217-234.

Leoni, Federico 2008 *Habeas corpus. Sei genealogie del corpo occidentale*, Bruno Mondadori, Milano.

Perniola, Mario 1997 *L'estetica del Novecento*, Il Mulino, Bologna.

———2009 *Strategie del bello. Quarant'anni di estetica italiana (1968-2008)*, Mimesis, Roma.

Stimilli, Elettra 2011 *Il debito del vivente. Ascsi e capitalismo*, Quodlibet, Macerata.

Tarizzo, Davide 2010 *La vita, un'invenzione recente*, Laterza, Roma-Bari.

Virno, Paolo 1999 *Il ricordo del presente. Saggio sul tempo storico*, Bollati Boringhieri, Torino.

———2003 *Quando il verbo si fa carne. Linguaggio e natura umana*, Bollati Boringhieri, Torino.

———2010 *E cosí via, all'infinito. Logica e antropologia*, Bollati Boringhieri, Torino.

アドルノ、テオドール・W　一九九六　『否定弁証法』木田元ほか訳、作品社。

アリストテレス　二〇〇二　『ニコマコス倫理学』朴一功訳、京都大学学術

——— 二〇一七 「アガンベンはハイデガーをどのように読んでいるのか？」、『ハイデガー・フォーラム』vol. 11、一一九—一三三頁。

——— 二〇一八a 『アガンベンの身振り』月曜社。

——— 二〇一八b 「ハイデガーを読むデリダを読むアガンベン」、『現代思想 総特集ハイデガー』二月臨時特大号、二七一—二八二頁。

ゴイレン、エファ 二〇一〇 『アガンベン入門』岩崎稔・大澤俊朗訳、岩波書店。

多賀健太郎 二〇〇四 「解題 救われざる生の残余」、アガンベン『開かれ』所収、一五五—一八二頁。

——— 二〇〇六 「遊隙の思考——アガンベンにおける無為と共同」、『現代思想』第三四巻第七号、二〇七—二一七頁。

高桑和巳 二〇〇三 「翻訳者あとがき」、アガンベン『ホモ・サケル』所収、二五六—二六二頁。

——— 二〇〇五 「バートルビーの謎」、アガンベン『バートルビー』所収、一六二—二〇一頁。

——— 二〇〇八 「剝き出しの生と欲望する機械——ドゥルーズを通して見るアガンベン」、『ドゥルーズ／ガタリの現在』小泉義之・鈴木泉・檜垣立哉編、平凡社、六一〇—六二四頁。

——— 二〇〇九 「翻訳者あとがき」、アガンベン『思考の潜勢力』所収、四九七—五〇八頁。

——— 二〇一六 『アガンベンの名を借りて』青弓社。

——— 二〇二〇 「アガンベンと抵抗」、『慶應義塾大学日吉紀要 フランス語・フランス文学』No. 70、一八五—二〇八頁。

長島皓平 二〇一七 「逆境のメシア——ジョルジョ・アガンベンの政治神学的基礎」、『法学政治学論究』（慶應義塾大学大学院法学研究科）No. 113、二七三—三〇五頁。

中村魁 二〇一九 「「前提化構造」を超えて——ジョルジョ・アガンベンにおける ont-logia の問題」、『ディアファネース 芸術と思想』（京都大学大学院人間・環境学研究科）No. 6、一一一—一四五頁。

西谷修 二〇〇〇 「解題 「例外状態」と「剝き出しの生」」、アガンベン『人権の彼方に』所収、一五五—一六一頁。

松本潤一郎 二〇〇六 「マイナーと福音——〈階級〉を構成する〈委員会〉の思考」、『現代思想』第三四巻第七号、一八八—二〇五頁。

その他

Badiou, Alain 2006 *Logiques des Mondes : L'Être et l'événement*, Seuil, Paris.
Bartoloni, Paolo 2008 *On the Cultures of Exile, Translation, and Writing*, Purdue University Press, West Lafayette.
Bori, Pier Cesare 2000 *Pluralità delle vie, Alle origini del discorso sulla*

——2014 *Agamben and Indifference. A Critical Overview*, Rowman & Littlefield, London and New York.
Wetters, Kirk 2006 "The Rule of the Norm and the Political Theology of 'Real Life' in Carl Schmitt and Giorgio Agamben," in *Diacritics* 36, pp. 31-46.
Whyte, Jessica 2013 *Catastrophe and Redemption. The Political Thought of Giorgio Agamben*, State University of New York Press, New York.
Wolfreys, Julian 2008 "Face to Face with Agamben ; or, the Other *in* Love," in *The Work of Giorgio Agamben. Law, Literature, Life*, ed. by Justin Clemens, Nicholas Heron and Alex Murray, Edinburgh University Press, Edinburgh, pp. 149-163.
Wortham, Simon Morgan 2007 "Law of Friendship : Agamben and Derrida," in *New Formations : A Journal of Culture / Theory / Politics* 62, pp. 89-105.
上村忠男　二〇〇一「解説　証言について——アウシュヴィッツの「回教徒」からの問いかけ」、アガンベン『アウシュヴィッツの残りのもの』所収、二三三—二五三頁。
———　二〇〇三「解題　閾からの思考——ジョルジョ・アガンベンと政治哲学の現在」、アガンベン『ホモ・サケル』所収、二六三—二七五頁。
———　二〇〇七a「解説——アガンベン読解のための第三の扉」、アガンベン『幼児期と歴史』所収、二四九—二六〇頁。
———　二〇〇七b「訳者解説　例外状態をめぐって——シュミット、ベンヤミン、アガンベン」、アガンベン『例外状態』所収、一七九—一八九頁。
———　二〇二〇『アガンベン《ホモ・サケル》の思想』講談社選書メチエ。
上村忠男・田崎英明　二〇〇六「討議　言語と時の〈閾〉」、『現代思想』第三四巻第七号、五二—六九頁。
岡田温司　二〇〇二「解説　アガンベンへのもうひとつの扉——詩的なるものと政治的なるもの」、アガンベン『中味のない人間』所収、一九一—二三九頁。
———　二〇〇四「アガンベンの身振りと修辞——訳者あとがきに代えて」、アガンベン『開かれ』所収、一八三—二〇二頁。
———　二〇〇八『イタリア現代思想への招待』講談社選書メチエ。
———　二〇一〇「詩と哲学のあいだで——訳者あとがきに代えて」、アガンベン『イタリア的カテゴリー』所収、三四五—三五二頁。
———　二〇一一「新たなる方法序説——訳者あとがきにかえて」、アガンベン『事物のしるし』所収、一七一—一八四頁。
———　二〇一四『イタリアン・セオリー』中公叢書。

Justice," in *South Atlantic Quarterly* 107 : 1, pp. 15-36.

Murray, Alex 2008 "Beyond Spectacle and the Image : the Poetics of Guy Debord and Agamben," in *The Work of Giorgio Agamben. Law, Literature, Life*, ed. by Justin Clemens, Nicholas Heron and Alex Murray, Edinburgh University Press, Edinburgh, pp. 164-183.

———2010 *Giorgio Agamben*, Routledge, London and New York.

Negri, Antonio 2007 "Giorgio Agamben. The Discreet Taste of the Dialectic," translated by Matteo Mandarini, in *Giorgio Agamben. Sovereignty & Life*, ed. by Matthew Calarco and Steven DeCaroli, Stanford University Press, Stanford, pp. 109-125.

Ojakangas, Mika 2005 "Impossible Dialogue on Bio-power : Agamben and Foucault," in *Foucault Studies* 2, pp. 5-28.

Rasch, William 2007 "From Sovereign Ban to Banning Sovereignty," in *Giorgio Agamben. Sovereignty & Life*, ed. by Matthew Calarco and Steven DeCaroli, Stanford University Press, Stanford, pp. 92-108.

Ross, Alison 2008 "Introduction," in *South Atlantic Quarterly* 107 : 1, Special Issue : The Agamben Effect, pp. 1-13.

Salzani, Carlo 2013 *Introduzione a Giorgio Agamben*, il melangolo, Genova.

Snoek, Anke 2010 "Agamben's Foucault : An Overview," in *Foucault Studies* 10, pp. 44-67.

Stiegler, Bernard 2008 *Prendre soin. De la jeuness et des générations*, Flammarion, Paris.

Stimilli, Elettra 2016 "L'uso del possible," in *Giorgio Agamben. La vita delle forme*, cit,. pp. 17-34.

ten Bos, René 2005 "Giorgio Agamben and the Community Without Identity," in *The Sociological Review* 53, pp. 16-29.

Thurschwell, Adam 2005 "Cutting the Branches for Akiba : Agamben's Critique of Derrida," in *Politics, Metaphysics, and Death. Essays on Giorgio Agamben's Homo Sacer*, ed. by Andrew Norris, Duke University Press, Durham and London, pp. 173-197.

Tim, Christaens 2020 "Must Society be Defended from Agamben ?," *Critical Legal Thinking*, 26 March. (https://criticallegalthinking.com/2020/03/26/must-society-be-defended-from-agamben)

Vatter Miguel 2008 "In Odradek's World. Bare Life and Historical Materialism in Agamben and Benjamin," in *Diacritics* 38 : 3, pp. 45-70.

Virno, Paoro 2002 "General Intellect, Exodus, Multitude," in *Archipelago* 54.

Watkin, William 2010 *The Literary Agamben. Adventures in Logopoiesis*, Continuum, London and New York.

Kishik, David 2012 *The Power of Life. Agamben and The Coming Politics*, Stanford University Press, Stanford.

Kotsko, Adam 2020 *Agamben's Philosophical Trajectory*, Edinburgh University Press, Edinburgh.

Kotsko, Adam and Carlo Salzani ed. 2017 *Agamben's Philosophical Lineage*, Edinburgh University Press, Edinburgh.

LaCapra, Dominick 2007 "Approaching Limit Events : Siting Agamben," in *Giorgio Agamben. Sovereignty & Life*, ed. by Matthew Calarco and Steven DeCaroli, Stanford University Press, Stanford, pp. 126-162.

Laclau, Ernesto 2007 "Bare Life or Social Indeterminacy ?," in *Giorgio Agamben. Sovereignty & Life*, ed. by Matthew Calarco and Steven DeCaroli, Stanford University Press, Stanford, pp. 11-22.

Latour, Bruno 2020 "Is This a Dress Rehearsal ?," *Critical Enquiry*, 26 March. (https://critinq.wordpress.com/2020/03/26/is-this-a-dress-rehearsal)

Lerou, George 2006 "Marginales sur la communauté. Fragment d'un commentaire de *La Communauté qui vient*," in *La litérature en puissance autour de Giorgio Agamben*, sous la direction de Guillaume Asselin et Jean-François Bourgeault, VLB Éditeur, Montréal (Québec), 2006, pp. 187-209.

Librett, Jeffrey S. 2007 "From the Sacrifice of the Letter to the Voice of Testimony. Giorgio Agamben's Fulfillment of Metaphysics," in *Diacritics* 37, pp. 11-33.

Lucci, Antonio 2016 "L'opera, la vita, la forma. La filosofia delle forme-di-vita di Giorgio Agamben," in *Giorgio Agamben. La vita delle forme*, a cura di Antonio Lucci e Luca Viglialoro, il melangolo, Genova, pp. 69-94.

Luisetti, Federico 2016 "Dimenticare l'Occidente: stato di natura e mistagogia in Giorgio Agamben," in *ibid.*, pp. 233-246.

Luzi, Flavio 2017 *Quodlibet: Il problema della presupposizione nell'ontologia politica di Giorgio Agamben*, Stamen, Roma.

Mesnard, Philippe and Kahan, Claudine 2001 *Giorgio Agamben à l'épreuve d'Auschwitz*, Éditions Kimé, Paris.

Milles, Catherine 2004 "Agamben's Messianic Politics : Biopolitics, Abandonment and Happy Life," in *Contretemps* 5, pp. 42-62.

——2005 "Linguistic Survival and Ethicality : Biopolitics, Subjectivation, and Testimony in Remnants of Auschwitz," in *Politics, Metaphysics, and Death. Essays on Giorgio Agamben's Homo Sacer*, ed. by Andrew Norris, Duke University Press, Durham and London, pp. 198-221.

——2008 "Playing with Law : Agamben and Derrida on Postjuridical

Literature, Life, Ed. By Justin Clemens, Nicholas Heron and Alex Murray, Edinburgh University Press, Edinburgh, pp. 43-62.

Coccia, Emanuele 2017 “Quodlibet. Logique et physsique de l'être quelconque,” in *Critique* 836-837, pp.66-77.

Cortellessa, Andrea 2010 “Profanare il dispositivo,” Postfazione di *Categorie italiane*, Laterza, Roma-Bari, pp. 171-190.

De Boever, Arne 2010a “The Allegory of the Cage : Foucault, Agamben, and the Enlightenment,” in *Foucault Studies* 10, pp. 7-22.

———2010b “Agamben et Simondon : ontologie, technologie et politique,” in *Cahiers Simondon* 2, pp. 117-128.

De La Durantaye, Leland 2000 “Agamben's Potential,” in *Diacritics* 30 : 2, pp. 3-24.

———2009 *Giorgio Agamben. A Critical Introduction*, Stanford University Press, Stanford.

Dickinson, Colby 2011 *Agamben and Theology*, t & t Clark, London and New York.

Dickinson, Colby and Adam Kotsko 2015 *Agamben's Coming Philosophy. Finding a New Use of Theology*, Rowman & Littlefield, London and New York.

Didi-Huberman, George 2017 “«Puissance de ne pas», ou la politique du désœuvrement,” in *Critique* 836-837, pp. 14-30.

Edkins, Jenny 2007 “Whatever Politics,” in *Giorgio Agamben. Sovereignty & Life*, ed. by Matthew Calarco and Steven DeCaroli, Stanford University Press, Stanford, pp. 70-91.

García Düttmann, Alexander 2001 “Never Before, Always Already : Notes on Agamben and Category of Relation,” in *Angelaki : Journal of the Theoretical Humanities* 6 : 3, pp. 3-6.

Gulli, Bruno 2007 “The Ontology and Politics of Exception : Reflections on the Work of Giorgio Agamben,” in *Giorgio Agamben. Sovereignty & Life*, ed. by Matthew Calarco and Steven DeCaroli, Stanford University Press, Stanford, pp. 219-242.

Heller-Roazen, Daniel 1999 “To Read What Was Never Written,” Editor's Introduction, *Potentialities. Collected Essays in Philosophy*, Ed., trans., intro. by Daniel Heller-Roazen, Stanford University Press, Stanford, pp. 1-23.

Johnson, David E. 2008 “*As If* the Time Were Now : Deconstructing Agamben,” in *South Atlantic Quarterly* 106 : 2, pp. 265-290.

Kaufman, Eleanor 2008 “The Saturday of Messianic Time,” in *South Atlantic Quarterly* 107 : 1, pp. 37-54.

Pozza, Vicenza.『創造とアナーキー――資本主義宗教の時代における作品』岡田温司・中村魁訳、月曜社、二〇二二（予定）年。（CA と略記）
2017c *Karman. Breve trattato sull'azione, la colpa e il gesto*, Bollati Bringhieri, Torino.
2019a *Il Regno e il Giardino*, Neri Pozza, Vicenza.『王国と楽園』岡田温司・多賀健太郎訳、平凡社、二〇二一年。（REG と略記）
2019b *Studiolo*, Einaudi, Torino.
2020 *A che punto siamo? L'epidemia come politica*, Quodlibet, Macerata.『私たちはどこにいるのか――政治としてのエピデミック』高桑和巳訳、青土社、二〇二一年。（APS と略記）
2021 *La follia di Hölderlin. Cronaca di una vita abitante 1806-1843*, Einaudi, Torino.
二〇〇六　「生、作者なき芸術作品――アガンベンとの対話」（2004年収録）聞き手ウルリヒ・ラウルフ、長原豊訳、『現代思想』第三四巻第七号、七〇―七七頁。
二〇〇九　「民主主義概念に関する巻頭言」太田悠介訳、『民主主義は、いま？――不可能な問いへの８つの思想的介入』以文社、二〇一一年、七―一五頁。

アガンベンに関する著作

Attell, Kevin 2015 *Beyond the Threshold of Deconstruction*, Fordham University Press.
Badiou, Alain 2020 "On the Epidemic Situation," 23 March. (https://www.versobooks.com/blogs/4608-on-the-epidemic-situation)
Benvenuto, Sergio 2020 "Forget about Agamben," *Coronavirus and philosophers*. (https://www.journal-psychoanalysis.eu/coronavirus-and-philosophers)
Bleeden, David 2010 "One Paradigm, Two Potentialities : Freedom, Sovereignty and Foucault in Agamben's Reading of Aristotle's dynamis," in *Foucault Studies* 10, pp. 68-84.
Britt, Brian 2010 "The Schmittian Messiah in Agamben's *The Time That Remains*," in *Critical Inquiry* 36 (Winter), pp. 262-287.
Bussolini, Jeffrey 2010a "Special Issue : Michel Foucault and Giorgio Agamben," in *Foucault Studies* 10, pp. 3-6.
———2010b "What is a Dispositive ?," in *Foucault Studies* 10, pp. 85-107.
Chiesa, Lorenzo 2016 *The Virtual Point of Freedom, Essays on Politics, Aesthetics, and Religion*, Northwestern University Press, Evanston.
Clemens, Justin 2008 "The Role of the Shifter and the Problem of Reference in Giorgio Agamben," in *The Work of Giorgio Agamben. Law,*

ノミアと統治の神学的系譜学のために』高桑和巳訳、青土社、二〇一〇年。(RG と略記)
2007b *L'amico*, nottetempo, Roma.(『友愛』と翻訳。AM と略記)
2008a *Che cos'è il contemporaneo ?*, nottetempo, Roma.(『同時代人とは何か』と翻訳。CCC と略記)
2008b *Signatura rerum. Sul metodo*, Bollati Boringhieri, Torino.『事物のしるし——方法について』岡田温司・岡本源太訳、筑摩書房、二〇一一年。(SR と略記)
2008c *Il sacramento del linguaggio. Archeologia del giuramento (Homo sacer II, 3)*, Laterza, Roma-Bari.(『言語活動の秘蹟』と翻訳。SL と略記)
2009 *Nudità*, nottetempo, Roma.『裸性』岡田温司・栗原俊秀訳、平凡社、二〇一一年(近刊)。(N と略記)
2010 *La ragazza indicibile. Mito e mistero di Kore*, con Monica Ferrando, Electa, Milano, 2010.
2011 *Altissima povertà. Regole monastiche e forma di vita*, 2011.『いと高き貧しさ——修道院規則と生の形式』上村忠男・太田綾子訳、みすず書房、二〇一四年。(AP と略記)
2012 *Opus Dei. Archeologia dell'ufficio*, Bollati Boringhieri, Milano.『オプス・デイ——任務の考古学』杉山博昭訳、以文社、二〇一九年。(OD と略記)
2013 *Il mistero del male. Benedetto XVI e la fine dei tempo*, Laterza, Roma-Bari.
2014a *L'uso dei corpi*, Neri Pozza, Vicenza.『身体の使用』上村忠男訳、みすず書房、二〇一六年。(UC と略記)
2014b *Il fuoco e il racconto*, nottetempo, Roma.
2015a *Stasis. La guerra civile come paradigma politico*, Bollati Boringhieri, Torino.『スタシス——政治的パラダイムとしての内戦』高桑和巳訳、青土社、二〇一六年。
2015b『ニンファ その他のイメージ論』高桑和巳編訳、慶應義塾大学出版会。
2016a *Che cos'è la filosofia?*, Quodlibet, Macerata.『哲学とはなにか』上村忠男訳、みすず書房、二〇一七年。
2016b *Pulcinella ovvero Divertimento per li regazzi*, nottetempo, Roma.
2016c *Che cos'è reale?: La scomparsa di Majorana*. Neri Pozza, Vicenza.『実在とは何か——マヨラナの失踪』上村忠男訳、講談社選書メチエ、二〇一八年。
2017a *Autoritratto nello studio*, nottetempo, Milano.『書斎の自画像』岡田温司訳、月曜社、二〇一九年。
2017b *Creazione e anarchia. L'opera nell'eta della religione capitalista*, Neri

年（増補新版に基づく）。（CI と略記）
1996b *Mezzi senza fine. Note sulla politica*, Bollati Boringhieri, Torino.『人権の彼方に——政治哲学ノート』高桑和巳訳、以文社、二〇〇〇年。（『目的なき手段』と変更。MSF と略記）
1998a "Bellezza che cade," in *Cy Twombly 8 Sculptures*, American Academy, Roma.（BC と略記）
1998b *Quel che resta di Auschwitz. L'archivio e il testimone (Homo sacer III)*, Bollati Boringhieri, Torino.『アウシュヴィッツの残りのもの——アルシーヴと証人』上村忠男・廣石正和訳、月曜社、二〇〇一年。（QRA と略記）
2000 *Il tempo che resta. Un commento alla Lettera ai Romani*, Bollati Boringhieri, Torino.『残りの時——パウロ講義』上村忠男訳、岩波書店、二〇〇五年。（副題を「パウロ註解」と変更。TCR と略記）
2002 *L'aperto. L'uomo e l'animale*, Bollati Boringhieri, Torino.『開かれ——人間と動物』岡田温司・多賀健太郎訳、平凡社、二〇〇四年。（A と略記）
2003 *Stato di eccezione, Homo sacer, II, 1*, Bollati Boringhieri, Torino.『例外状態』上村忠男・中村勝己訳、未來社、二〇〇七年。（SE と略記）
2004a *Genius*, nottetempo, Roma.
2004b *Il Giorno del Giudizio con quattro fotografie di Mario Dondero e un dagherrotipo*, nottetempo, Roma.
2004c *Image et mémoire. Écrits sur l'image, la dance et le cinéma*, traduit par M. Dell'Omodarme, S. Doppelt, D. Loayza et G. A. Tiberghien, Desclée de Brouwer, Paris.（IM と略記）
2004d "Archeologia di un'archeologia," un saggio introduttivo, in Enzo Melandri, *La linea e il circolo. Studio logico-filosofico sull'analogia*, Quodlibet, Macerata, pp. VIII-XXXV.
2005a *La potenza del pensiero. Saggi e conferenze*, Neri Pozza, Vicenza.『思考の潜勢力——論文と講演』高桑和巳訳、月曜社、二〇〇九年。（PP と略記）
2005b *Profanazioni*, nottetempo, Roma.『瀆神』上村忠男・堤康徳訳、月曜社、二〇〇五年。（『瀆聖』と変更。P と略記）
2005c "Introduzione," in Emanuele Coccia, *La trasparenza delle immagini. Averroè e l'averroismo*, Bruno Mondadori, Milano, pp. VII-XIII.（TI と略記）
2006 *Che Cos'è un dispositivo ?*, nottetempo, Roma.「装置とは何か？」高桑和巳訳、『現代思想』第三四巻第七号、二〇〇六年、八四—九六頁。（『装置とは何か』に変更。CCD と略記）
2007a *Il Regno e la Gloria. Per una genealogia teologica dell'economia e del governo (Homo sacer II, 2)*, Neri Pozza, Vicenza.『王国と栄光——オイコ

参考文献

アガンベンの著作

1970 *L'uomo senza contenuto*, Rizzoli, Milano ; Quodlibet, Macerata 1994.『中味のない人間』岡田温司・岡部宗吉・多賀健太郎訳、人文書院、二〇〇二年。（USC と略記）

1977 [1993] *Stanze. La parola e il fantasma nella cultura occidentale*, Einaudi, Torino ; Nuova edizione accresciuta, 2006.『スタンツェ――西洋文化における言葉とイメージ』岡田温司訳、ありな書房、一九九八年／ちくま学芸文庫、二〇〇八年。（S と略記）

1978 [2001] *Infanzia e storia. Distruzione dell'esperienza e origine della storia*, Einaudi, Torino.『幼児期と歴史――経験の破壊と歴史の起源』上村忠男訳、岩波書店、二〇〇七年。（IS と略記）

1980 "La parola e il sapere," in *Aut-aut* (Settembre-Dicembre 1980), pp. 155-166.（「言葉と知」と翻訳。PS と略記）

1982 [2008] *Il linguaggio e la morte, Un seminario sul luogo della negatività*, Einaudi, Torino.『言葉と死――否定性の場所にかんするゼミナール』上村忠男訳、筑摩書房、二〇〇九年。（『言語活動と死』と変更。LM と略記）

1985 *Idea della prosa*, Feltrinelli, Milano ; Nuova edizione illuminata e accrescuita, Quodlibet, Macerata, 2002.（『散文のイデア』と翻訳。IP と略記）

1990 *La comunità che viene*, Einaudi, Torino ; Nuova edizione accresciuta, Bollati Boringhieri, Torino, 2001.（『到来する共同体』と翻訳。CHV と略記）

1993 "Bartleby o della contingenza," in Agamben and Gilles Deleuze, *Bartleby. La formula della creazione*, Quodlibet, Macerata, pp. 43-85.『バートルビー――偶然性について』高桑和巳訳、月曜社、二〇〇五年。（B と略記）

1995 *Homo Sacer. Il potere sovrano e la nuda vita*, Einaudi, Torino.『ホモ・サケル――主権権力と剝き出しの生』高桑和巳訳、以文社、二〇〇三年。（HS と略記）

1996a *Categorie italiane. Studi di poetica*, Marsilio, Venezia ; Nuova edizione ampliata, *Categorie italiane. Studi di poetica e di letteratura*, Laterza, Roma-Bari, 2010.『イタリア的カテゴリー――詩学序説』岡田温司監訳、橋本勝雄・多賀健太郎・前木由紀訳、みすず書房、二〇一〇

ヤ行

ラ行

タ行

ナ行

ハ行

マ行

サ行

事項索引

マ行

ヤ行

ラ行

ワ行

タ行

ナ行

ハ行

カ行

サ行

人名索引

ア行

[著者]
岡田温司（おかだ・あつし）
1954年生まれ。京都大学名誉教授。京都精華大学大学院特任教授。西洋美術史。著書に『もうひとつのルネサンス』『芸術と生政治』『フロイトのイタリア』（以上、平凡社）、『ルネサンスの美人論』『カラヴァッジョ鑑』（編著）、『モランディとその時代』（以上、人文書院）、『ミメーシスを超えて』（勁草書房）、『イタリア現代思想への招待』（講談社選書メチエ）、『肖像のエニグマ』（岩波書店）など。訳書にロンギ『芸術論叢』全2巻（監訳、中央公論美術出版）、アガンベン『スタンツェ』（ちくま学芸文庫）、『裸性』『王国と楽園』（以上、共訳、平凡社）、『書斎の自画像』（月曜社）、ペルニオーラ『エニグマ』（共訳、ありな書房）など。

平凡社ライブラリー 925
増補（ぞうほ） アガンベン読解（どっかい）

発行日…………2021年12月10日　初版第1刷

著者……………岡田温司
発行者…………下中美都
発行所…………株式会社平凡社
〒101-0051　東京都千代田区神田神保町3-29
電話　(03)3230-6579［編集］
(03)3230-6573［営業］
振替　00180-0-29639

印刷・製本……中央精版印刷株式会社
ＤＴＰ…………平凡社制作
装幀……………中垣信夫

ISBN978-4-582-76925-8
NDC分類番号137　B6変型判(16.0cm)　総ページ272

平凡社ホームページ https://www.heibonsha.co.jp/